LA

Revue du Berry

à

Maurice ROLLINAT

A. Mellottée

CHATEAUROUX

La Revue du Berry

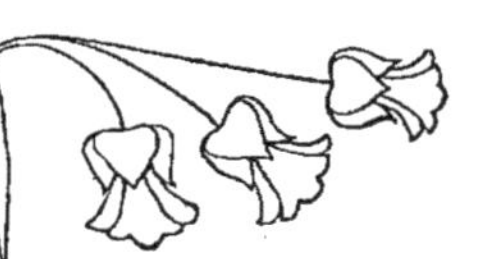

à

Maurice ROLLINAT

Son illustre compatriote

Son regretté collaborateur

1904

A. MELLOTTÉE, Éditeur

2, rue Gutenberg, Châteauroux

IL A ÉTÉ TIRÉ DE CET OUVRAGE :

70 exemplaires ordinaires et 180 exemplaires de luxe numérotés à la presse, dont 40 paraphés et signés par l'éditeur et l'organisateur du numéro.

Supplément au numéro spécial de la *Revue du Berry*,
consacré à **Maurice ROLLINAT.** — Mars 1904.

PRÉLUDE

Inédit

De Maurice ROLLINAT

Adagio

bien soutenu

mf

rit

mf

court

m g

pressez un peu

rit

bien égal

8va
Rubato.

La Revue du Berry à Maurice Rollinat

SOMMAIRE

⁂

HORS TEXTE MUSICAL

TABLE DES GRAVURES

ROLLINAT EN 1883
d'après une photographie de Nadar.

Avant-propos

En publiant ce numéro, ce volume consacré au poète Maurice Rollinat, la Revue du Berry *ne fait que rendre un humble témoignage de reconnaissance et de piété à son illustre collaborateur. Elle salue à son passage dans l'immortalité, une des gloires les plus grandes et les plus sympathiques desquelles le Berry s'honore à juste orgueil.*

Maurice Rollinat fût un des premiers collaborateurs en littérature de la Revue du Berry *alors que celle-ci s'appelait encore* Revue du Centre. *C'était alors en 1889. Depuis, et chaque fois qu'il fut sollicité, voire même et souvent, volontairement, il envoya des poésies dont il nous réserva fréquemment la primeur.*

Il témoignait une grande affection à notre Revue *et c'est avec une douleur sincère que nous voyons disparaître de la vie, ce cœur bon et ce grand talent. C'est avec un regret profond que nous perdons sa collaboration et la manne bienfaisante de ses précieux encouragements.*

Son souvenir restera parmi nous, comme une image pieuse à la vue de laquelle on puise le courage et le réconfort pour l'accomplissement d'une tâche ardue.

En publiant ces lignes d'admiration et de justice, nos collaborateurs à ce numéro ont voulu rendre un juste hommage à la valeur du poète disparu, et répudier les calomnies aveugles et inconscientes dont une certaine presse essaya de souiller sa mémoire et son œuvre purs de toute tâche. Cet opuscule sera donc, en même temps qu'un gage de notre reconnaissance, un modeste monument d'admiration et de souvenir sincères, élevé à l'illustre Berrichon qui n'est plus, au grand poète qui survit malgré tout à l'éternelle poussière. Puisse un autre monument, plus matériel et plus fictif, lui être érigé bientôt dans sa ville natale, perpétuant son image et célébrant sa gloire inattaquable.

LA REVUE DU BERRY.

MAURICE ROLLINAT

BIOGRAPHIE

Maurice Rollinat naquit à Châteauroux, le 29 décembre 1846, dans la maison qui porte aujourd'hui le numéro 7 de l'avenue de Déols, maison occupée actuellement par sa mère Mme François Rollinat, et non point comme l'ont écrit avec bonne foi d'ailleurs, certains biographes, dans la maison située au numéro 5 de la rue des Notaires.

Voici d'ailleurs un document qui tranche nettement la question ; c'est l'acte de naissance même :

L'an mil huit cent quarante-six, le *trente décembre,* à *onze heures du matin,* par-devant nous, *Maurice Robert,* adjoint à la mairie de Châteauroux, remplissant par délégation du Maire les fonctions d'officier de l'état civil, est comparu Monsieur *François Rollinat,* avocat, âgé de quarante ans, lequel nous a présenté un enfant du sexe masculin, qu'il a déclaré être né hier à neuf heures du matin en son domicile, sis en cette ville, *rue de Déols,* de lui déclarant, et de dame *Marie-Marguerite-Joséphine-Isaure Didion,* son épouse, âgée de vingt-six ans et auquel il a dit vouloir donner les prénoms de *Joseph-Auguste-Maurice.* Les dites présentations et déclarations faites en présence des sieurs *Jean-Pierre Nuret,* employé de cette mairie, âgé de cinquante-trois ans, *et Jean-Henry Pineau,* employé de cette mairie, âgé de vingt-six ans demeurant tous deux en cette ville, le premier, rue Grande-Saint-Christophe et le second, rue Chevrière et le déclarant et les témoins ont signé avec nous le présent acte après lecture faite.

J.-H. Pineau, Nuret, Robert,
Rollinat.

Cependant il convient de dire que la naissance de Rollinat précéda seulement de quelques semaines l'entrée de sa famille rue des Notaires. Cette maison appartenait depuis déjà longtemps à M. François Rollinat, que les réparations à effectuer à l'immeuble empêchaient d'en prendre possession.

Il est donc certain que si la maison de l'avenue de Déols est la maison natale du poète, celle de la rue des Notaires vit s'écouler toute sa jeunesse et mérite à plus juste titre l'attention.

Il était fils de François Rollinat, avocat au barreau de Châteauroux, qui fut l'ami de Ledru Rollin, de Jules Favre, de Marie, de Chaix d'Est-Ange et de l'illustre George Sand. La bonne dame de Nohant avait François Rollinat en grande amitié et le père de Maurice fut son conseil le plus autorisé et le plus sollicité dans ses différends conjugaux avec M. Dudevant son mari.

François Rollinat fut représentant du peuple pour l'arrondissement de Châteauroux pendant la seconde République et siégea aux assemblées constituante et législative de 1848 et 1849.

Dans l'*Histoire de ma vie* (1), George Sand consacre de longues pages à François Rollinat et à son père Charles Rollinat, dans lesquelles elle raconte l'impromptu de ses premières relations avec eux, en même temps qu'elle trace un judicieux portrait de chacun de ses deux amis. Cette amitié fut d'ailleurs plus tard reportée avec bonté sur Maurice Rollinat dont l'auteur des romans berrichons fut la marraine.

Maurice Rollinat fit ses études au collège Saint-Pierre de Châteauroux, devenu depuis collège Léon XIII et qui alors était en pleine prospérité. Lorsque ses classes furent terminées, il entra dans une étude pour y apprendre le notariat. Mais depuis longtemps déjà s'étaient développés en lui, des goûts passionnés pour la poésie et la musique et c'est dans le petit pavillon de la maison paternelle (2) qu'il chercha sur le piano, ses premières mélodies et qu'il ébaucha ses premiers poèmes.

Le notariat, auquel la volonté paternelle désirait qu'il se donnât en entier, semblait lui peser comme un joug. On le vit néanmoins et successivement, clerc à Châteauroux, puis à Orléans, mais le jeune tabellion faisait plus de vers qu'il ne dressait d'actes notariés et sollicitait avec ardeur son départ pour Paris où d'ailleurs l'appelait son illustre marraine.

*
* *

Il y vint en l'année 1868, un an après que son père fut mort. Il avait alors vingt-deux ans. Il entra dans l'administration de la ville, comme employé au service des décès de la mairie du VIIe arrondissement. Plus tard, lorsque dans ses conversations il venait à parler de ses débuts à Paris, Maurice Rollinat appuyait avec persistance sur son passage dans ce poste administratif, comme pour affirmer la coïncidence du caractère macabre et funèbre de son emploi avec la préoccupation semblable de son esprit.

Il habita longtemps la rue Oudinot, cette rue calme et solitaire peuplée presque en entier d'hôtels particuliers immenses, de couvents et d'hôpi-

(1) Tome IV, chap. XIII, page 84 et suivantes.

(2) Alors rue des Notaires, n° 5.

taux, qui dans ce quartier si animé de la rue de Sèvres et du boulevard Montparnasse, semble une paisible et monotone rue de province.

Maurice Rollinat dit ses premiers vers et chanta ses premières mélodies dans les cabarets du quartier Latin. A cette époque, au coin de la place Saint-Michel et du quai du même nom, existait un café dans les sous-sols duquel, le soir on entendait de jeunes poètes et musiciens chanter et dire leurs œuvres, c'était les Hydropathes, cabaret artistique aujourd'hui disparu après avoir passé sous l'égide du Soleil d'or. Là, Rollinat connut ses premiers succès, au milieu de la jeunesse enthousiaste et sincère du Quartier. Son nom commença à se faire jour parmi ceux qui alors prenaient place dans la société littéraire et c'est aux Hydropathes que Rodolphe Salis qui se connaissait en poètes et en artistes, vint le chercher pour l'emmener au Chat Noir où il eut des jours glorieux.

En 1877, Maurice Rollinat publia son premier volume de poésies: *Dans les Brandes*. Ce livre eut un succès d'estime et fût goûté des artistes. Rollinat s'y présentait comme un transcendant et un fougueux disciple de Baudelaire, en même temps qu'il s'y révélait merveilleux et consciencieux peintre de cette Nature à laquelle il devait dévouer son œuvre et sa vie.

Il fut le prélude du triomphe inouï qui accueillit peu après le second livre de Rollinat: *Les Névroses*.

Le Chat Noir était alors en pleine gloire et le nom de Rollinat s'y trouvait mêlé à ceux de Maurice Donnay, de Jean Richepin, de Raoul Ponchon, de Maurice Bouchor, de Charles Cros et de Mac-Nab. Il y reçut les sympathies de Leconte de Lisle, de François Coppée et y conquit l'amitié d'Alphonse Daudet.

Mais Maurice Rollinat, répétons-le, ne connut le vrai succès, un succès fou, délirant, incroyable tant il fut spontané et puissant, qu'à l'issue d'une soirée que Sarah Bernhardt organisa en sa faveur et où il chanta ses mélopées avec cette voix sans pareille où il savait mettre toutes les forces, les douleurs et les ravissements de la vie et les terrifiantes visions de l'au-delà. Le lendemain, un article magistral que l'éminent critique Albert Wolff publiait dans le *Figaro*, annonçait au Tout-Paris des lettres et du monde le nouveau livre de Rollinat: *les Névroses*, en même temps qu'il consacrait le talent du poète et l'art inouï du musicien.

De ce jour les salons littéraires se le disputèrent, et ce furent les triomphales soirées, chez Zola, au *Figaro*, au *Charivari*, etc. Fêté, choyé, adulé, Maurice Rollinat crut comprendre que cette gloire était trop brusque pour être de longue durée. Il se lassa rapidement de cet enthousiasme mondain et brusquement un matin, après une soirée où il venait d'être acclamé, il disparut.

Ce fut un événement diversement commenté pendant quelque temps. On s'attendait au retour prochain du poète, que l'on supposait pris d'un vif désir passager de retrouver le pays natal. Mais Rollinat avait abandonné pour jamais, lassé, fatigué, écœuré même, cette vie d'énervement et de surmenage, cette vie fausse qu'est la vie parisienne, laquelle disait-il souvent plus tard, l'aurait anéanti rapidement.

⁂

Il se retira à Fresselines au confluent des deux Creuses sur la limite du Berry et de la Marche, et ce fut là, dans une maison de paysan qu'il passa le reste de sa vie dans une contemplation recueillie et sincère de la nature.

La pêche était sa distraction favorite,et lorsqu'il partait vêtu de velours, recouvert d'un capuchon, chaussé d'énormes sabots et coiffé d'une grosse casquette de poil à pattes relevées, on l'eut pris volontiers pour un paysan.

C'est pendant qu'il pêchait et qu'il se promenait, qu'il composait ces petites pièces superbes qui prirent place dans ses autres volumes de vers qui sont : *L'Abîme*, *La Nature*, *Les Apparitions*, *Paysages et Paysans*.

Il notait sur un calepin les vers qu'il trouvait dans ses heures de méditation et de distraction, les remettant au clair lorsqu'il rentrait à la maison.

Ce fut dans ses heures-là qu'il reçut les premières atteintes du mal qu'il devait porter douloureusement pendant de longues années et qui devait l'emporter.

En effet, Maurice Rollinat, déjà quelque peu neurasthénique, mena par tous les temps et sans précaution un mal d'estomac qui devint de plus en plus grave.

Dans son humble chaumière de Fresselines, toujours ouverte aux amis qui y recevaient une hospitalité large et accueillante, il continua de vivre dans l'étude des choses et des êtres qui l'entouraient.

Il avait pour ami intime l'abbé Daure, le sympathique curé de Fresselines qui était un très jovial et simple vivant.

Il recevait la visite de sincères amis, parmi lesquels MM. Gustave Geffroy, Octave Uzanne, les peintres Claude Monet, Hareux, Detroy, Alluaud, Bernard Naudin, Maillaud, le regretté Béthune et nombre d'autres dont les noms nous échappent.

Rarement il s'échappait de sa solitude, si ce n'est pour ses affaires à Paris, ou pour voir sa mère et ses amis de Châteauroux.

Deux fois la gloire lui sourit encore dans toute sa force, ce fut en 1892 et en 1898.

Deux soirées composées uniquement de ses œuvres, interprétées par les plus grands artistes des théâtres de Paris furent données à ces dates en la capitale et obtinrent un grandiose succès.

Mais, et la critique fut unanime sur ce point, il y manquait Rollinat, et les applaudissements allèrent plus à l'absent qu'à ses interprètes. Le

Rollinat à la pêche au confluent

Croquis de F. Maillaud.

Rollinat après avoir tendu ses lignes pense à ce qu'il va écrire ou composer, poésie ou musique.

Tout-Paris regrettait celui dont la voix unique savait faire vibrer ou frissonner, celui qui seul pouvait interpréter ses œuvres et leur donner leur véritable caractère et leur beauté.

Car cela restera un des plus beaux titres de gloire de Maurice Rollinat, d'avoir été un interprète remarquable, digne complément du profond poète et du génial musicien.

En 1895, le 18 juillet, il reçut la croix de la Légion d'honneur. Cette distinction qu'il n'avait pas sollicitée, il l'ignora jusqu'au jour où elle parut à l'*Officiel*. Elle ne mit pas plus d'orgueil au cœur de l'homme, simple et bon qu'il était et qu'il resta jusqu'au jour où la mort le prit.

Il continua son existence obstinée de pêcheur et de poète, sentant et traduisant ses visions dans ses chansons qui sont autant de pages sublimes pleines d'euphonie, de caractère et de vérité.

Mais le mal qui le minait depuis plusieurs années, ce mal incurable et douloureux fit de plus grands progrès l'an dernier. Une grande douleur intime, la perte d'un être cher, puis un peu plus tard la mort de l'abbé Daure, vinrent mettre le comble aux souffrances de Maurice Rollinat. Affaibli, sentant sa santé inguérissable parmi l'ennui et la solitude, solitude d'autant plus grande qu'elle était hantée de souvenirs funèbres, il se fit conduire à Ivry dons la maison du docteur Moreau de Tours.

Il était trop tard, l'estomac refusant les nourritures les plus légères et l'organisme étant totalement épuisé par les récentes souffrances, Maurice Rollinat s'éteignit le 26 octobre 1903 à huit heures du matin, dans la plénitude de ses idées.

***

Son nom prendra place parmi ceux dont le Berry s'enorgueillit. Souvent critiqué et méconnu, son génie restera pur et à l'abri de toute suspicion; et longtemps encore, de génération en génération, tous ceux qui s'intéressent aux grands hommes de notre patrie, grande ou petite, se répéteront le nom de Maurice Rollinat, comme un de ceux qui ont le plus illustré l'art musical et la littérature française, comme une des gloires les plus magnifiques qu'aient vu naître et vivre le siècle passé et le siècle qui commence.

MAURICE DAURAY.

Masque de Rollinat
par le sculpteur Ringel d'Illzach.

LE VRAI ROLLINAT

A la vénérable octogénaire, à la mère douloureuse du poète-musicien calomnié, bafoué ou méconnu, je dédie respectueusement ces quelques paroles de vérité, de réparation et de justice.

J. P.

« La mort de Maurice Rollinat, a dit excellemment M. Ernest la Jeunesse, est pire qu'un deuil, c'est un déchirement ; » et ce qui, après la disparition brusque et prématurée du délicieux artiste, a le plus contristé ses amis fidèles et ses universels admirateurs, ce fut l'attitude révoltante d'une certaine presse — « cette basse chronique, si bien dépeinte par M. Louis Lumet, dans la *Petite République*, celle qui se nourrit des scandales d'alcôves et de coulisses, des potins du boulevard et des cafés littéraires, celle qui haït de toute son envie les artistes probes et sincères » — attitude amalgamée d'ignorance, d'erreurs, de parti pris, d'injustice, de jalousie, de rancune, de mensonge, de chantage, de diffamation, que sais-je encore ? et qui a été démentie et tancée comme il convient par celle que j'appellerai *la Presse* tout court.

Écoutez quelques bons juges, comme M. Georges d'Esparbès :

« J'ai lu les articles qu'on a écrits sur lui et sur son œuvre... la presse a été généralement injuste. Je prétends que si l'on n'a jamais entendu Rollinat, on ne peut rien en savoir puisqu'on n'a rien ressenti. Pour en parler, il faut l'avoir connu. »

Comme M. Faverolles, dans le *Gaulois* :

« En me rappelant les émotions si poignantes et si rares que je lui dois, ma tristesse redouble, car je pense que maintenant, personne, hors ceux qui gardent de tels souvenirs, ne pourra savoir ce que fut ce complexe et incomparable artiste. »

Et M. de Chambure, le directeur de l'*Argus de la Presse,* on ne peut mieux placé par conséquent pour être renseigné, qui a bien voulu m'écrire :

« Je suis très heureux que vous ayiez fait un article juste sur le regretté poète Maurice Rollinat ; car j'ai eu l'honneur de le connaître de son vivant, et tout ce qu'a été publié sur lui, en général, indique bien que les personnes qui écrivirent ne le connurent pas. »

Et M. Gustave Geffroy :

« On n'a pas toujours été juste pour lui, et de cela, au fond de sa solitude, il avait quelque tristesse... qu'il soit permis de dire que Rollinat ne doit pas être traité par nos journalistes avec tant de désinvolture. »

C'est que Paris, la ville capricieuse qui l'avait gâté de tout son enthousiasme et qui l'avait oublié aussitôt.

« Paris ne pardonne pas à ceux qu'il a oubliés. S'il en faut une preuve nouvelle et cruelle, jetez les yeux sur les nécrologies consacrées au poète Maurice Rollinat ; elles sont inexorables. Parce que sa réputation dans le *Tout Paris* fut volontairement éphémère, son œuvre est traitée avec une extrême dureté (*Phare de la Loire*). — C'était un disparu, par conséquent un oublié. On s'en aperçoit à lire les sottises que les jeunes journalistes impriment sur le chantre des ténèbres qu'ils ont, semble-t-il, reçu mission de défigurer (*Cri de Paris*). En réalité, nous explique M. Adolphe Brisson, il était jalousé, détesté, sourdement combattu par des émules envieux de son talent. »

Je pourrais multiplier ces blâmes à l'infini. Je préfère entrer sans retard dans mon sujet qui a pour but de démentir les plus criantes faussetés, de dire ce que fut *exactement* Rollinat, non pas tant de moi-même, que par la bouche de tous les critiques qui font autorité, des témoins qui l'ont assisté et réconforté jusqu'à sa dernière heure ; limitant mon rôle à contrôler et à compléter leurs dires de façon à pouvoir les affirmer comme l'expression de la pure vérité, pensant, avec M. Jacques-André Mérys « qu'il appartient à ceux qui ont admiré l'envergure du penseur et de l'artiste, mesuré la noblesse de son caractère, éprouvé l'excellence de son cœur de dire ce qu'il a rêvé, tenté, souffert et pourquoi ils l'aimaient ».

Car j'ai eu l'honneur et le bonheur d'être de ceux-là depuis vingt ans bientôt. Comment je fis la connaissance du poète ? — De la façon la plus prosaïque : par la vente d'une voiture. J'habitais alors Eguzon. J'avais chargé le charron de l'endroit de me trouver un acquéreur pour une petite charrette anglaise qui m'était devenue inutile : il m'amena Rollinat avec lequel je tombai tout de suite d'accord et contractai en même temps une amitié qui ne cessa de durer et de croître.

Cette acquisition l'enchantait : il ne put résister au désir de m'en exprimer sa joie et ses remerciements à nouveau ; il m'écrivait : « La mignonne voiture a été fort bien réparée par Auchaine, et le coup de peinture qu'il a su lui donner la rend toute pimpante. Elle va comme un gant à mon petit cheval qui n'attend que la belle saison pour nous brouetter de son mieux. »

La première visite que je lui fis, ce fut à Puy-Guillon, en compagnie de mon camarade Joseph Beulay qui a dû en écrire autrefois la relation. Cette entrevue, que nous pensions prolonger une heure à peine, ne prit fin qu'au bout de deux jours passés soit à la promenade, soit à entendre l'incomparable artiste déclamer ses vers magiques, clamer sa musique troublante.

J'en rapportai une impression que de ma vie je n'oublierai jamais, mais qui m'absorba, me prit tout entier durant plus d'une semaine.

Il faut croire que ce séjour ne parut ni indiscret, ni importun à son hospitalité large et cordiale, puisque je retrouve une lettre du 14 janvier 1885 — j'étais à ce moment à Paris — où il me presse de le revenir voir : « Dès que vous serez de retour en Berry, je compte sur votre bonne visite. » Je vous donne à penser si, cette fois comme par la suite, je m'empressai de me rendre à cette attirante et gracieuse invitation ! Je raconte ces choses à l'intention de ceux qui l'ont voulu représenter comme un sauvage, un misanthrope, claquemuré dans sa demeure ou errant solitaire dans la campagne, fermant sa porte à ses amis mêmes. Encore une légende détruite, comme le seront bientôt toutes les autres, à commencer par la date et le lieu de sa naissance que l'on place, entre 1842 et 1853, à Paris, à Bourges, à Fresselines,... en Prusse — vous croyez que je plaisante ? Alors je cite cet entrefilet ramassé dans l'*Echo de la Mayenne* : « A la fin de sa vie Rollinat partit pour son pays natal, la Prusse. » Je crois bien découvrir là une simple coquille typographique, en dehors de la responsabilité du journaliste : *Creuse* lu et imprimé *Prusse* ; mais n'empêche que les braves gens de la Mayenne ne douteront pas que le chantre immortel de la *Nature* soit prussien, tout comme cet autre poète, Henri Heine.

En réalité Joseph-Maurice Rollinat est né à Châteauroux le 29 décembre 1846, dans cette maison de la rue des Notaires, située entre celles de M. Saint-Pol Bridoux, son cousin, et de M. J. Beulay, propriété actuelle de Mme Lamy. Il n'est donc pas mort âgé de 58 ans, de 50 ans, de 48 ans, comme on l'a publié, mais un peu avant l'expiration de sa 57e année. Je me dispense des détails biographiques que d'autres ont donnés ou écriront pour aborder d'un seul bond

LE POÈTE

De tous les pamphlets les plus absurdes, les plus infâmes, jetés lâchement dans la tombe encore ouverte du doux poète comme un suprême outrage, c'est un article de la *Gazette de France* qui semble tenir le record : qu'elle soit heureuse ! Vous savez qu'elle se pique d'être la plus vieille « feuille de chou » qui soit en France : son acte de baptême remonte à 1621 ! A son âge il est bien naturel de radoter... n'y faisons pas attention !

Voici cependant un échantillon de son état d'esprit :

« Je crois bien que Rollinat est mort de sa littérature, d'une littérature où tout était fictif, appris, répété, convenu... Ses trois ou quatre recueils de paysages sont au-dessous de tout. Il n'y a guère de talent que dans les *Névroses* où s'accuse précisément cette maladie du langage qu'on pourrait appeler le *macabre incongru*... Strophes ampoulées... Ce poème romantique est fort mal écrit et dans une langue brutale, mais avec une chaleur qui semblait sincère... je viens de tout revoir. Cela n'est pas bien fort, cela est même misérable... prosaïsme bourgeois... La pièce admirée, presque fameuse, les *Frissons*, contient deux ou trois vers où la précision de la cadence nous fait presque oublier l'impropriété des mots... *quatre* vers acceptables... il m'a toujours paru que les grands mystificateurs étaient leurs propres dupes, les seules quelquefois. Les ballades sont d'une sottise qui n'a pas de bornes... le poète s'applique sagement à rimer en mirliton des eaux fortes de Rops. Répétons-le, il est bien mort de la méchanceté de sa littérature ! »

Je m'en voudrais de ne pas vous dévoiler le nom de l'auteur de ces lignes : c'est M. Charles Mauras en personne. Je le regrette doublement, moins cependant pour ce pauvre Rollinat, — de telles calomnies pourraient-elles l'atteindre ? — que pour l'écrivain lui-même.

L'*Indépendant Rémois* lui fait *chorus* et, ma foi ! il a été bien près de l'égaler :

« Quand parurent les *Névroses*, la critique les discuta avec une certaine âpreté. C'était leur faire beaucoup d'honneur si je m'en rapporte aux sensations que j'eus *alors* en les lisant. »

Il est à remarquer que ce sont là souvenirs de 20 ans, un peu émoussés, embrumés fatalement...

« J'y cherchai vainement l'ampleur, la plénitude, la parfaite beauté du rythme et la richesse d'images du vers beaudelairien. Les vers y restaient secs, prosaïques, malgré les bizarreries macabres laborieusement cherchées et plaquées tant bien que mal ; le rythme y était banal et monotone... L'alexandrin, si merveilleux instrument entre les mains d'un bon ouvrier, y était manié avec une incroyable gaucherie, on sentait en tout cela une recherche pénible, jamais heureuse, de l'expression étrange et rare, on y constatait l'impuissance à bien rythmer. Et je me suis demandé pourquoi un combat se livrait autour de telles pauvretés... »

Or, dans le passage qui suit, nous allons trouver aisément l'explication de ces critiques amères et envieuses...

« Je me suis demandé pourquoi ces choses, banales en dépit de leur plaquage de couleur macabre et d'une faible facture, attiraient la colère de la critique, faisaient du bruit dans le monde littéraire. »

Mais parce que Rollinat avait du talent, du génie, Monsieur !

« Tandis que les productions au moins égales (?) de tant de pauvres Rubemprés venus de leur province pleins de rêves de gloire, prennent silencieusement chaque jour, au milieu de l'indifférence générale, nul critique ne leur faisant l'aumône d'un éloge ou d'une injure, le chemin des quais, où elles s'empoussièrent dans la case à vingt centimes, sans qu'un flâneur daigne jamais les feuilleter d'un doigt distrait... »

C'est un certain M. Louis Périé qui parle ainsi, quelque

Rubempré ignoré et aigri, sans doute, poète incompris, et pour cause !

Lorsque je vous aurai dit que le journal l'*Univers* se demande s'il restera quelque chose de lui et que « ses vers ne sont plus à la mode » (à *Marseille* !!), j'aurai épuisé à peu près toutes les diatribes de ses rares censeurs. En revanche ses admirateurs passionnés sont légion ; et la *Revue* tout entière ne me suffirait pas pour reproduire, même en les résumant, les louanges déposées sur son cercueil comme une jonchée de fleurs. On célèbre à l'envi « le pur et profond, très noble et très grand poète, raffiné, subtil, délicat, sans préciosité et dont les accents furent si douloureusement humains et virils, le grand et fier artiste, l'écrivain de race qui honora la poésie et les lettres françaises, un des plus probes et des plus hauts, une des natures les mieux douées de notre époque » ; la trompette de la renommée proclame son scuffle inné, son puissant et subtil tempérament poétique, son génie enfin !

... « La lecture hâtive d'une des premières pièces du livre : *les Frissons* fit de moi un admirateur passionné du poète qui, pour peindre l'étrange subtilité de ses impressions, avait employé cette langue imaginée et précise, savante et poétique, et par-dessus tout musicale et chantante... le soir même, après ma lecture finie, j'ajoutai mentalement un siège à ce Parnasse idéal que se forge à lui-même tout homme épris de poésie. Depuis ce jour mon admiration première et spontanément conçue s'est alimentée par la lecture d'œuvres nouvelles du poète... J'ai appris à aimer en lui le peintre subtil et nuancé des divers aspects de la nature et j'entends, non point l'artiste à la palette souple qui sait bâcler de chic ou par à peu près tel paysage vraisemblable, mais l'observateur soucieux qui palpite avec l'insecte et qui vit avec la forêt, mêlant son souffle au souffle du vent dans les branches et son âme à l'âme latente du monde végétal.

» GABRIEL MONTOYA. »

« Les arbres, les forêts, les rocs et les montagnes, les ruisseaux et les torrents, disait à son tour M. Charles Buet, n'ont aucun secret pour lui, pas plus que les brins d'herbe ou les brindilles de la mousse... il célébra les infiniment petits de l'univers. Et dans son analyse minutieuse de ces vétilles par nous dédaignées il est incomparable. »

D'où un critique célèbre a joliment exprimé cette pensée que ce serait à se faire petite bête pour avoir le plaisir d'être étudié par Rollinat.

... « Ces fantômes de sa pensée, il voulut les incarner en des vers précis, parfaits : il aimait tant la clarté française ! Il usa ses forces à ce labeur de Titan. Après avoir porté en lui des mois entiers une strophe, un vers, un titre de poème, il se décidait à les noter et les corrigeait, les refaisait cinquante fois avant d'aboutir à la formule définitive. Il n'admettait aucune licence poétique » (Jacques-André Mérys, des *Débats*).

Et de fait le travail était, chez lui, pénible, minutieux à la manière des Benvenuto Cellini, des fins ciseleurs de la Renaissance : lui était un ciseleur de mots et de rimes. Combien de fois m'a-t-il confié, avec cet abandon amical qui ne savait rien dissimuler, que, malgré un labeur ininterrompu du cerveau, il avait de la peine à produire une dizaine de vers par jour. Dans son ouvrage posthume : *En errant,* qu'on pourrait dénommer un vaste poème en prose, on trouve la même recherche, le même fini.

Cela m'amène à raconter comment, fortuitement, j'ai été la cause déterminante de ces pièces en prose qui viennent de le montrer sous un aspect inattendu, pour ainsi dire ignoré.

Un jour qu'il me dévoilait ses embarras financiers, les maigres ressources que lui procuraient ses œuvres, — en réalité ses livres et sa musique ne lui ont pas rapporté dix mille francs de droits d'auteur — il concluait mélancoliquement :

— Aujourd'hui, on ne lit plus de vers !

— Faites de la prose alors, lui répliquai-je ; vous aurez du moins une corde de plus à votre arc... ou à votre lyre.

— J'ai peur de ne pas réussir. Et puis la prose me donnera plus de peine encore que la versification à laquelle je suis entraîné maintenant par une incessante gymnastique de l'esprit.

Et après un instant de réflexion il ajouta délibérément :

— Eh bien ! oui, vous avez raison, je vais essayer !

Quelques mois après, le 26 janvier 1889, paraissait dans le supplément littéraire du *Figaro* cette magistrale page : *Pêcheurs de truites* qui fit sensation, puis, le 24 août suivant, et dans le même journal, *le Feu* qui ne fut pas moins goûté. Elles forment la première et la troisième pièces des *Proses d'un solitaire*.

En m'envoyant ces deux articles, Rollinat me remerciait

Malgré la longueur de la citation, je ne puis me décider à passer sous silence ce remarquable passage d'une étude parue dans *The Weekly Critical Review* sous le titre : UN POÈTE DE LA NATURE ET DES CHOSES, en laquelle M. J.-H. Caruchet détermine les rapports et les différences entre Rollinat et Baudelaire qu'on a voulu lui donner comme maître :

« Le seul poète contemporain que l'on puisse comparer — et que l'on ait comparé en effet — à Maurice Rollinat est Baudelaire. Chez tous deux, en effet, on trouve parfois les mêmes visions funèbres, la même hantise du sépulcre, la même préoccupation de la mort, et en ce qu'elle a de plus sinistre, de plus terrifiant : son œuvre de désagrégation et de pourriture ; chez tous deux aussi même amertume, même tristesse morbide, mêlée à l'amour et à la volupté. Mais, ces ressemblances une fois reconnues, combien Rollinat est plus complet que Baudelaire ! Combien il procède peu de ce dernier, malgré tout ce qu'on a dit, à tort et à travers, sur leur parenté poétique ! Les poèmes d'où se dégage une idée philosophique forte et profonde, on les compte chez le poète des *Fleurs du Mal* (voyez l'*Albatros*). Chez Rollinat, ils forment tout un livre, l'*Abîme*, et ils trouvent aussi leur place de temps en temps dans les autres volumes. Puis, ce qui distingue tout à fait le poète creusois, et qui le met, à notre avis, hors de pair, c'est cette compréhension si haute de la rusticité et de son charme, cette vision si nette des paysages et des êtres. Le souffle aromatisé de la plaine et des bois circule vraiment à travers ces pages et les vivifie. C'est la grande et vraie nature, admirée dans toutes ses beautés, surprise dans tous ses secrets, adorée dans ses colères comme dans ses tendresses, qui se dégage de cette œuvre ; on la sent chantée avec passion, la passion de l'artiste qui communie avec le Grand Tout par son être entier.

» ..... Assombris tous deux par la méchanceté des hommes, profondément impressionnés par la mort, par sa présence continuelle au milieu de la vie et de nos joies, Baudelaire et Rollinat ont également chanté, sur des rythmes divers, leurs terreurs et leurs amertumes ; mais tandis que le premier avait fermé son âme comme un logis de douleur et de rancune, le second a ouvert la sienne à la brise guérisseuse, s'est laissé bercer par tous les chants épars qui montent de la terre, y a puisé une inspiration toujours puissante et renouvelée, et, si mal que l'ait compris, si peu que l'ait apprécié la foule ignorante ; si bassement que l'ait décrié bien des jalousies, tel de ses poèmes aura l'immortelle beauté de l'eau, du ciel, de la forêt. »

« Un des plus grands artistes de ce temps, selon les *Nouvelles illustrées*, un des plus grands, non par la popularité tapageuse, mais par l'intensité des sentiments éprouvés et par la virtuosité de l'expression... Il laisse la réputation d'un pur et consciencieux artiste : cette race se fait rare par le temps qui court, »

« Ce temps d'art industriel et de manie romancière, » comme le définissait spirituellement Rollinat lui-même.

« Aux pleurs épandues sur sa tombe hâtive, mieux vaut, je crois, rappeler ce qu'il laisse après lui. Beaucoup d'académiciens, surtout de nos quarante, même s'ils meurent plusieurs fois centenaires, n'en laisseront pas autant » (Edouard Farnil, *Gazette de Saint-Germain*).

« Ce qu'on peut affirmer, conclut Arsène Alexandre, c'est que beaucoup de choses dans cette œuvre mériteraient de demeurer et de passer dans le trésor classique dont s'enorgueillit notre pays. »

« Paris, dit M. Auguste Reiser, avait presque oublié cet esprit viril, qui avait quitté sa lumière pour l'ombre. Mais n'empêche, les vrais lettrés, qui avaient conservé sa mémoire, ne l'oublieront pas et Maurice Rollinat restera pour eux comme un des rares génies poétiques de ce temps. Philosophe intense, rapsode énergique, il est mort dans la misère [*ce mot est trop fort : il jouissait de l'*aurea mediocritas *vantée par Horace*], semblable en cela à Hégésippe Moreau, Verlaine et tant d'autres ; mais cette misère sera son auréole, car il n'aura pas trafiqué de sa plume et il mérite la gloire qui est la seule richesse enviable des enfants du Parnasse et de l'Hélicon ! »

Le *Républicain du Cher* exprime à peu près la même pensée :

« Ses vers, trop élevés pour être attaqués par la basse critique, trop ciselés pour être lus du vulgaire, ne furent le charme que des esprits supérieurs. C'est la seule gloire qui vaille. Ceux qui le comprenaient l'admiraient... L'oubli peut venir faire taire son nom parmi la foule ignare : il est un Temple immuable de la Pensée où toujours son œuvre restera. »

Consolons-nous ! Ce mort très cher est bien incontestablement entré dans l'immortalité.

LE MUSICIEN

Rollinat fut encore un musicien très personnel, très impressionniste, très impressionnant... mais aussi très discuté. Son bagage musical se compose de *cent seize* morceaux publiés : une marche et trois valses pour piano seul, le reste, des mélodies enchâssant ses vers, à l'exception d'une douzaine de pièces composées sur des poésies de Charles Baudelaire.

Lequel, du poète ou du musicien, fut le plus excellent ? Je ne le pourrais dire, ou plutôt je pense qu'on ne peut pas les comparer, les mettre en parallèle, les séparer : l'un et l'autre se complète, forme indivisément ce tout qui fut Rollinat ; chez lui cette dualité n'est que factice et compose au contraire l'unité, je dirais aussi bien l'*unique,* de l'artiste : lui-même ne prenait-il pas le titre complexe et *singulier* de « poète-musicien » ? Au berceau, Euterpe, comme Calliope et Polymnie, et Érato encore, l'avaient donc touché à la fois de leurs baguettes magiques. A cela il portait déjà en lui une prédisposition atavique : tous les Rollinat — et ils étaient douze — s'étaient révélés plus ou moins musiciens ou poètes.

Ce don naturel — ou surnaturel — était, chez Maurice Rollinat, si complet que, n'ayant jamais *étudié* la musique, dans l'acception du mot, incapable de la lire, c'est-à-dire de la déchiffrer à première vue, de suivre l'accompagnement le plus simple d'un air de chant, dans l'impossibilité de l'écrire, puisqu'il avait recours à des professionnels pour noter ses propres compositions, cependant il a produit une suite innombrable de morceaux étranges, savoureux, suggestifs, d'une incomparable et intarissable originalité qui avait précisément sa source dans l'ignorance voulue des routes tracées, des sentiers battus, des règles codifiées de l'officiel Conservatoire pour lequel il ne se gênait pas d'exprimer à toute occasion un dédain ironique et très marqué.

C'est pourquoi, à Massenet, fort intéressé par ses fantaisies, ses trouvailles, et lui conseillant, en maître, d'étudier l'harmonie, il répondit : « Le jour où ma musique serait harmonisée et soumise aux règles, elle ne signifierait plus rien ! » C'est avec la même admiration intime, mais aussi avec la même restriction de commande que Gounod a lancé cette boutade dont le second terme fait heureusement passer le premier : « Rollinat est un fou de génie ! »

Daudet, selon M. Lucien Descaves, affectionnait en lui un artiste sincère et un musicien sans pareil. C'est même ce que la plupart des compositeurs ne lui pardonnaient pas. Ils parlaient avec un souverain mépris de cet homme dont les inspirations n'étaient pas disciplinées par les lois de la fugue et du contre-point. Hors de cet algèbre, point de salut ! Ils le renvoyaient au Conservatoire ou aux Hydropathes, à son choix. Ils lui en voulaient d'accaparer l'attention à leur détriment.

Son programme musical est tout entier exposé en une page de ses *Proses d'un solitaire :*

« Au rebours des dilettantes et amateurs qui semblent n'aimer que les volumineuses auditions qu'ils ne retiennent pas, il faut au poète des musiques parlantes, installées comme des remords au plus creux de son âme, qu'à toute heure et partout il retrouve et réentende : s'appropriant, s'adaptant, par là même, à toutes les phases de son cœur, à tous les états de sa pensée dont elles sont pour ainsi dire la continuation fantastique, le prolongement dans le songe... Quasi divine quand elle collabore journellement avec d'admirables mélodies vécues et pensées, l'harmonie, en dépit de toute la sorcellerie d'artifice de ses combinaisons, demeure humaine, quoiqu'elle fasse, quand, prétendant se suffire à elle-même, jusqu'à se croire toute la musique, elle n'accompagne et ne seconde, en les drapant de ses richesses, que des chants conventionnels, en quelque sorte extérieurs, par rapport au fond de l'être humain, empreints d'influence d'école, de mode et de socialité, ou si incertains, si insaisissables, si vides, qu'on ne les retrouverait pas si on voulait les défalquer de leur grandiose entour, les désenvelopper de leurs sonores luxuriances, de leurs splendeurs et magnificences d'accords. Toute musique qui, l'orchestre ou le piano parti, demeure brouillée dans le souvenir au lieu d'y rester claire et bien chantante, mélodiquement savourable, n'est due qu'au seul savoir, au seul talent professionnel, à la maîtrise de la science, mais ne relève nullement de la souffrance intérieure, du drame enduré, du cri et de la trouvaille naturelle de l'âme. »

Comment s'étonner maintenant que certains, par mentalité sincère ou par snobisme, musiciens courbés sous les préceptes serviles du classicisme, journalistes ignares ou prévenus, aient apporté une note discordante dans le concert d'admiration qui accompagna le virtuose charmeur vers sa tombe ?

Ces *couacs* sont si faux parfois qu'ils vous agacent, vous font bondir d'abord, mais si rares qu'ils s'oublient vite, se noient finalement dans la symphonie juste des éloges. Écoutez plutôt :

« L'*Action* n'y voit que de la musique d'anesthésie, de la musique pour dentistes ! » — en rien comparable à la *Carmagnole* ou à l'*Internationale*, quoi !

M. Henry Céard, de l'*Événement*, se demande :

« Faut-il se prononcer sur la valeur des mélodies qu'il croyait inventer ? Des musiciens que j'ai consultés les ont étudiées et m'ont déclaré leur stupéfaction qu'un public ait pu s'émouvoir d'une succession de notes si imparfaitement agencées et dont, dans la partition, ils ne retrouvaient pas le caractère. »

Il me semble que c'est plutôt la faute du transcripteur. En tout cas, M. Céard connaît mal son rôle et a eu tort de s'adresser à de mauvais souffleurs.

« Quelle musique ! s'écrie le *Ménestrel* ; il faut bien le dire, cela n'existait pas, ni comme fond, ni comme forme. C'était des choses étranges, d'une incorrection absolue sous tous les rapports. » Vous goûterez comme il convient la franchise (?) de ce journal, pour le moins naïve et désintéressée, et rare chez un négociant ô combien ! quand vous saurez qu'il est la propriété et l'organe commercial du propre éditeur des œuvres musicales de Rollinat ! Voilà une réclame d'un nouveau genre, mais qui n'est certes pas à l'*américaine !!*

M. Gustave Kahn, dans la *Nouvelle Revue*, joue sur les mots : « Était-il musicien ? Oui et non ; certes, il avait le goût, le sentiment, l'innéité de la musique, mais ses dons n'avaient pas été fortifiés par le travail ; il ne savait guère l'harmonie. » C'est entendu, il s'en vantait lui-même ; mais la qualité primordiale du musicien, de l'artiste en général, c'est d'émouvoir... et « quand on avait entendu sa musique, dit M. Octave Uzanne, on devenait incapable d'écouter les plus illustres romances, aux sentimentalités niaises et poncives ».

« En même temps que poète satanique et macabre, Rollinat était compositeur de mélodies d'un accent très personnel, paraît-il (*ce* paraît-il *me plaît infiniment dans la bouche d'un critique*). Ses vers étant insuffisamment musicaux, il les mettait en musique, les chantait lui-même d'une voix âpre et mordante, faisait ainsi illusion. »

Ces propos, dont il faut admirer le fondement, sortent de la plume venimeuse de l'illustre M. Louis Périé, de l'*Indépendant Rémois*, déjà nommé.

Musica parle de « ses œuvres musicales dans lesquelles on sent passer, disons-le très haut, le souffle du génie. Rollinat était avant tout un poète. Ses *Névroses* sont un livre superbe. Mais sa musique avait un parfum de terroir tout spécial. Il cherchait son inspiration dans la seule nature et semblait trop souvent mépriser la forme et l'écriture normales, indispensables pourtant à l'expression de toute musique. Ce qu'il y a de certain, c'est que l'effet produit par ses œuvres sur le public, surtout quand il chantait lui-même, était considérable. C'est un grand artiste qui disparait ».

« Pour comprendre ce que fut Rollinat, explique M. Faverolles, du

Gaulois, et la puissance de son action sur ceux qui connurent le bonheur de l'approcher, il faudrait l'avoir vu, au piano, interpréter lui-même une série de ses œuvres. Il chantait ses poèmes, mais son chant était une chose unique, parce qu'en lui le poète, le musicien et l'interprète ne faisaient qu'un, au sens étroit et absolu du mot. Sa puissance d'évocation était prodigieuse, deux mesures chantées par lui, de sa voix prenante, à la fois rude et souple, et c'était instantanément, pour l'auditeur, l'oubli de l'ambiance réelle, le transport soudain à des centaines, à des milliers de lieues, dans le coin de nature où il vous emportait, dans l'azur frémissant de lumière où il vous ravissait...

» ... Voix tantôt caverneuse, tantôt grinçante comme une crécelle, tantôt perçante et élevée comme une plainte d'oiseau de nuit. Mais cette voix chantait admirablement les vers et la musique de l'artiste, car c'était non seulement un véritable poète, mais encore un compositeur de haute valeur (*Arsène Alexandre*).

» Rollinat, tantôt si bas courbé sur son piano que les longues mèches de ses cheveux noirs en balayaient les touches, tantôt brusquement relevé, les yeux au ciel, le masque douloureusement tragique, me faisait songer à l'étrange et vivante ébauche de Paganini par Delacroix (*Armand Dayot*) (1). »

« Je ne le puis juger comme musicien, écrit M. Raoul Lafagette ; mais quiconque a eu la haute joie de l'entendre interpréter lui-même au piano, de sa voix profonde et brûlante, les mélodies surnaturelles composées par lui sur ses vers personnels, ou sur les poésies congénères des *Fleurs du Mal*, proclamera que nul artiste en ce siècle n'a eu plus de fougue passionnelle et n'a vibré plus éperdûment ! »

Extrait du *Journal* des Goncourt, 14 juin 1883 :

« Rollinat s'empare de moi par la musique qu'il a faite sur quelques pièces de vers de Baudelaire. Cette musique est d'une compréhension tout à fait supérieure. Je ne sais quelle est sa valeur près des musiciens, mais ce que je sais, c'est que c'est de la musique de poète, et de la musique parlant aux hommes de lettres. Il est impossible de mieux faire valoir, de mieux monter en épingle la valeur des mots, et quand on entend cela, c'est comme un coup de fouet donné à ce qu'il y a de littéraire en vous... »

Et le bon public a lui-même sanctionné, de ses bravos enthousiastes, le jugement équitable prononcé par tant de critiques éminents et en particulier par le fondateur libéral de l'*autre* Académie.

SINCÉRITÉ ET MODESTIE

Après avoir contesté le talent du poète-musicien, on a voulu mettre en doute sa sincérité, sa probité littéraire, sa modestie.

(1) Voir la gravure : *Rollinat au piano.*

D'aucuns ont parlé, en connaisseurs, de son « puffisme, de son battage, de son plaqué, de son désir naïf d'étonner le bourgeois », des « quelques grains de mystification littéraire et pince-sans-rire que le snobisme parisien avait déposés en lui » ; on a beaucoup discuté la question de savoir s'il était « véritablement hanté par le démon de la folie ou bien s'il était seulement un admirable metteur en scène, un comédien ». « On en a fait une sorte de Barnum de lui-même, expert à faire valoir une étrangeté trop accentuée pour ne pas être voulue et à forcer le succès par l'exploitation de dons naturels, outrés à dessein pour en augmenter le relief. » D'autres plus audacieux, comme M. Georges Maurevert, du *Petit-Niçois*, prétendent tenir de lui l'*aveu* que la démence ne lui fut qu'un moyen plus ou moins heureux d'épater le bourgeois ! On ne peut fausser la vérité avec plus de cynisme, ni comme le dit M. Faverolles, présenter une caricature plus absurdement injuste de son être moral.

« Ce qu'il y a de particulièrement injuste, dit le *Phare de la Loire*, c'est qu'on accuse cette œuvre de n'avoir pas été sincère. Elle ne l'était, hélas! que trop. L'auteur des *Névroses* a été tué par la névrose. Mais par le temps qui court, il n'est plus permis aux artistes de souffrir. Les critiques littéraires, aujourd'hui comme en 1865, croient que le satanisme de Baudelaire était une pose... Aujourd'hui les écrivains déclarent volontiers qu'ils « n'ont pas attrapé une méningite » en confectionnant leur nouvelle pièce (textuel). En effet ils n'ont que la peine de travailler sur les œuvres faites par ceux qui ont péri à la tâche avant eux. »

Barbey d'Aurevilly va plus loin :

« Rollinat pourrait bien être supérieur à Baudelaire par la sincérité et la profondeur de son diabolisme... Il n'a ni habileté, ni subtilité, ni rétorsion, ni préméditation d'art scélérate... d'impression c'est un naïf, et de longueur de souffle un infatigable, c'est le naturel dans l'étrange. »

Cependant l'*Echo de Paris*, pour appuyer cette thèse diffamante, n'a pas craint de narrer l'anecdote suivante qui n'a pas tardé à faire le tour de la presse :

« Lorsqu'il disait ses vers et qu'il chantait ses étranges mélodies, il ne manquait jamais, ses auditrices étant encore dans les transes, de se livrer à une petite manifestation très peu suggestive. Après avoir égrené au piano les notes les plus paradoxales de sa voix suraiguë, Maurice Rollinat s'arrêtait net, tirait de sa poche une large tabatière, humait voluptueusement une longue prise et se soulageait bruyamment dans un énorme mouchoir à carreaux rouges et verts — *quelle précision !* — du plus prosaïque effet. Et le plus souvent le charme de terreur se trouvait subitement rompu. Désillusion ! Désillusion !! »

Voici une histoire, dont le ridicule retombe sur son auteur, tout à fait inexacte, j'en réponds, moi qui ai non seulement fréquenté intimement Rollinat chez lui, mais qui l'ai reçu si souvent dans ma garçonnière de Châteauroux où mes nombreux amis, vu l'exiguïté relative du local, se disputaient le savoureux plaisir de venir l'entendre à tour de rôle. Je les prends à témoin, ainsi que les autres privilégiés qui, grâce à mes instances pour vaincre la timidité naturelle, l'horreur de l'exhibition — nous y reviendrons tout à l'heure — de l'artiste recherché, ont eu l'honneur rare de lui voir accepter leurs pressantes invitations.

Car autant Rollinat aimait à se trouver au milieu d'un cercle restreint d'anciens camarades de collège ou d'amis fidèles, tous des admirateurs sans partage, où la liberté de la pensée, du langage et de la tenue était largement pratiquée, où la franche gaîté, un cordial abandon se trouvaient à l'ordre du jour, autant il détestait les réceptions gourmées, à grand orchestre, au milieu d'inconnus, de simples curieux, où tout s'observe, s'étudie, se commente, se discute, où le froid vous prend au cœur, dans le monde où l'on s'ennuie et qu'on a la pénible charge d'amuser. Aussi que de fois, pour ne pas brusquement contrister d'un refus catégorique et l'intermédiaire embarrassé, dont on me faisait tenir à mon corps défendant le rôle ennuyeux, et les trop aimables gens qui le conviaient cérémonieusement à leur dîner ou à leur « tasse de thé », il promettait d'abord son acceptation qu'il s'empressait de retirer au moment opportun, pour une de ces raisons majeures dont il avait le secret, sans réplique, sans froissement possible non plus pour ses hôtes déçus. Lisez plutôt cette lettre retrouvée dans mes papiers :

« Mon cher ami,

» Veuillez dire à Monsieur X... que j'ai le regret de ne pouvoir accepter sa gracieuse invitation, la dernière soirée que je passerai à Châteauroux devant tout naturellement être consacrée à ma mère. »

Mais en revanche avec quelle joie, avec quel empressement il venait périodiquement retrouver le petit groupe d'intimes, se retremper dans leur chaleureux accueil, leur apporter la primeur d'une mélodie, les régaler d'une poésie dernièrement écrite, comme en témoigne ce billet :

« Je vous remercie bien vivement de votre cordiale invitation : je serai enchanté de passer la soirée avec vous et mon vieux René.

» A demain donc 7 heures.

» Cordiale poignée de main,

» MAURICE ROLLINAT. »

Ah ! ces réunions de la place Saint-Cyran, que de souvenirs doux et tristes elles évoquent pour moi ! Ces déménagements hâtivement bâclés pour faire les pièces plus grandes ; ce piano de louage monté précipitamment par une fenêtre d'un second étage, en raison de l'étroitesse de l'escalier, pendu au bout d'une moufle accrochée à une ferme du toit, se balançant dans les airs comme un drapeau — le drapeau qu'on hisse, à leur arrivée, tout en haut du formidable donjon des châtelains très notables — annonçant aux passants arrêtés, intéressés par les péripéties de cette ascension difficile, que l'un des princes des poètes venait de faire son entrée dans leurs murs ; et ces dîners de six couverts seulement, pour plus d'intimité, dont le principal condiment étaient la verve amusée, les aperçus profonds sur l'art et la littérature, les aventures de pêche et d'excursions sur les bords pittoresques de la Creuse, les mimiques cocasses, les thèses philosophiques sérieuses ou burlesques, les anecdotes désopilantes ou graves du brillant causeur ; puis ces nuits, courtes comme une aimable vision, passées autour de ce piano vibrant d'accords inouïs, fuyant, sur le parquet glissant, les heurts puissants de son sublime bourreau qui, le regard vague, la pensée transportée très loin, dans ces régions inconnues des profanes, tout absorbé par son sujet au point de perdre la notion de l'ambiance et du réel, se dépensant corps et âme, plaquait l'accord final, se levait automatiquement, relevait, d'un geste brusque, les boucles folles et ondulées de ses longs cheveux chatains qui battaient son front comme une crinière, essuyait du revers de la main ses tempes perlées de sueur,

2

passait les doigts sur ses beaux yeux, comme pour se réveiller d'un rêve profond, comme pour recouvrer ses sens, revenir de l'étourdissement éprouvé par cette brusque chute sur la terre. Puis, redevenu homme, il causait familièrement ou prenait un cigare, et tout cela le plus naturellement du monde, sans fumisterie, sans pose, sans afféterie, j'y insiste.

Je viens de parler de cigare ; cela me ramène à la question du tabac. La vérité est que Rollinat trouvait dans ce narcotique, absorbé par le cerveau seulement, un délassement, un apaisement pour son esprit trop éveillé, trop surexcité, et que, dans un court arrêt entre une pièce de vers et un morceau de chant, il avait volontiers recours à ce remède nécessaire. Si l'on fumait dans l'appartement, il se contentait d'allumer un cigare, qu'il ne portait à sa bouche que pour l'alimenter, et d'aspirer par les narines, avec délices, entre chaque bouffée indispensable, cette légère fumée bleue, au parfum subtil, que produisait la seule incandescence. Le tabac en poudre était réservé pour les salons corrects d'où les fumeurs sont impitoyablement bannis. Alors il s'isolait, tirait de la poche de son gilet une minuscule tabatière en corne — une tabatière de Polichinelle comme dimension — y plongeait discrètement la pointe de ses doigts et, attendant le moment où il n'était point observé, il humait sa prise par petites aspirations timides, silencieuses, avec le geste de quelqu'un qui se frotterait seulement le nez. Et si la nécessité voulait qu'il eût à « se soulager dans son mouchoir », il le faisait sans bruit de trompette, avec un vulgaire mouchoir blanc, comme le vôtre ou le mien. Désillusion ! Désillusion ! pour les lecteurs de l'*Écho de Paris*...

Je me remémore cet illettré de la musique accompagnant au piano ma mère dont le talent de cantatrice s'affirmait alors en sa pleine maturité, non suivant les notes écrites qu'il n'eût pu débrouiller, mais d'inspiration, avec des improvisations soudaines et brillantes, des rentrées heureuses, des contre-chants appropriés, un entraînement, une fougue, une science, oui, une science mélodique consommée, disciplinée aux rythmes et aux nuances, les deux artistes s'émulant, se complétant, se surpassant dans leurs moyens, au point de donner l'illusion d'un virtuose unique et parfait ! — Et maintenant, l'un est perdu à jamais ; l'autre, celle qui mérita le surnom de *fauvette du Berry,* que l'incomparable chanteur Duprez, dans un moment d'admiration enthousiaste et sans consulter son aversion naturelle pour le théâtre, voulait conduire tout droit à l'*Opéra-Comique,* celle-ci a la voix étouffée par la paralysie ironiquement implacable !

J'y revois Saint-Pol Bridoux, le cousin du poète, violoniste de tempérament et de race, trop modeste pour se produire comme il conviendrait, au grand déplaisir de ses fervents admirateurs ; je l'entends, soupirant avec son archet la *Chanson de la perdrix grise, les Yeux* et tant d'autres compositions de Rollinat qu'il rend avec un charme, une vérité, une intensité si prenants ; et puis Joseph Beulay, qui a échangé la lyre et la palette pour le Code. J'y revois aussi René Mallebay, le René de la lettre de tout à l'heure, secondé par une mémoire merveilleuse, avec son parler berrichonnant, ses joyeux mots, ses histoires tintamarresques, ses souvenirs de jeunesse, sa connaissance universelle des gens et des faits, amusant le poète et attisant son esprit toujours en feu ; encore un disparu ! Georges Lenseigne, l'ami des arts et des artistes, le camarade intime du poète ; et Lucien Deschellerins accompagnant sa sœur, la toute gracieuse Madame Sainte-Claire-Deville, à l'esprit si cultivé, au talent de peintre si délicat, morte aussi, hélas ! — Qui encore ?... Mais je me laisse entraîner, au courant du souvenir et de la plume, à des digressions auxquelles il est grand temps de mettre un terme.

. . . .

On sait généralement comment Rollinat arriva à la notoriété, je vais le rappeler néanmoins en quelques mots : ce fut en 1883, au moment de l'apparition des *Névroses.* Sarah Bernhardt, qui l'avait déjà entendu et admiré, conçut le projet de convier l'élite de la presse parisienne à une soirée où elle lui présenterait le poète ignoré. Rollinat y dit des vers, y chanta sa musique avec ce talent que maintenant vous lui connaissez. Tout le monde demeurait sous l'impression la plus vive ; Sarah Bernhardt s'avance, s'agenouille aux pieds du poète, et — ressouvenir des antiques jeux floraux — lui tend, comme récompense, les roses qu'elle portait à son corsage. Rollinat était sacré grand poète. D'où l'on peut dire que si George Sand fut sa marraine devant l'Eglise, c'est Sarah Bernhardt qui fut sa marraine dans les Lettres.

Le lendemain paraissait dans le *Figaro* un article d'Albert Wolff, qui, avec celui de Barbey d'Aurevilly dans *le Constitutionnel*, consacrèrent définitivement sa réputation méritée. Il était donc arrivé d'un coup, d'un seul bond à la célébrité, mieux même, à la popularité. Les salons se l'arrachaient, l'Amérique lui fit d'alléchantes propositions... puis un beau jour il disparut pour se retirer au village de Puy-Guillon, près de Fresselines.

M. Raoul Lafagette a cherché à déterminer les conséquences, chez Rollinat, de cette fuite de Paris pour se reconquérir en pleine solitude, et l'influence qu'elle a pu exercer sur son art :

« Cette fugue hâtive et ce renoncement irrévocable lui mériteront l'estime de la postérité. Mais, hélas ! en retira-t-il le bénéfice attendu ? Je crois avec M. Eugène Ledrain, l'éminent critique de l'*Illustration*, que ce passage subit du tourbillon parisien à une existence d'ermite dans un coin perdu de la Creuse lui fut nuisible en sens inverse, aggrava sa neurasthénie en ajoutant l'ennui du vide aux fatigues du surmenage antérieur. Et puis, le pauvre poète eut à cœur de prouver à distance, par des productions nouvelles, la légitimité de son triomphe. Le voilà dès lors travaillant sans relâche, forçant l'inspiration, publiant *Nature* et les *Apparitions* sans prendre le temps de revoir le premier jet, d'y apporter les retouches nécessaires, d'en éliminer les encombrantes superfétations. Ce ciseleur si capable des plus fines précisions, se contente ainsi trop souvent d'une forme négligée, où maint détail oiseux étouffe l'eurythmie suggestive sous les minuties d'une exactitude photographique. Et néanmoins combien je préfère encore cette œuvre, malgré ses regrettables imperfections, à l'art correct mais sans vie de tel virtuose aussi habile qu'impuissant ! Ils ont beau faire, les faux dieux de carton, les malins puffistes qui feignent de dédaigner Rollinat : leurs élucubrations prétentieuses et mort-nées ne sont que néant devant l'œuvre intense du poète des *Névroses* et de *Paysages et paysans*. Celui-ci a vraiment vu, vraiment senti, vraiment aimé et vraiment souffert ! »

Chacun a voulu donner une explication plausible à cette incompréhensible détermination : les uns y virent la crainte de se laisser griser par ses succès ; peut être comprit-il, dirent les autres, qu'il était surtout la proie de la curiosité, et que l'admiration qu'on lui témoignait n'était pas de qualité supérieure ; certains crurent y découvrir une attitude : il reviendra, pensaient-ils ; et il ne revint pas ! — De plus avisés devinèrent en lui la nostalgie de la campagne, et en cela ils avaient un peu raison. On a raconté qu'un médecin de ses amis, en qui il avait pleine confiance, lui avait dit : « Si vous ne quittez pas Paris, si vous n'allez pas vous retremper dans une vie campagnarde et paisible, vous vous consumerez, vous mourrez phtisique. » Et de fait, il m'a déclaré bien des fois que la vie fiévreuse, brûlante de Paris lui était insupportable et qu'il l'avait fui pour éviter d'y laisser ses os.

Paris, c'est l'enfer ! — sous les crânes
Tous les cerveaux sont desséchés !
. . . .
Paris ne vaut pas un adieu !
Partons vite et, dans la nature
Grisons-nous d'herbe et de ciel bleu !

Mais ce qui n'était encore qu'un vague projet devint une brusque réalité à la suite de l'aventure suivante que, il y a quelque quatre ans, Rollinat racontait à M. Adolphe Brisson et à moi, après le plantureux déjeuner qu'il nous avait offert dans sa petite maison de Fresselines : à une soirée où il avait dit ses vers et chanté sa musique, où il venait de goûter une fois de plus les ivresses du triomphe, un haut dignitaire de l'État, un ministre, a-t-on prétendu, s'avança vers lui et lui dit à brûle-pourpoint : « Eh bien ! Monsieur, vous devez être content de votre exhibition !... »

Exhibition ! Il s'exhibait ! On le prenait pour un pitre sur les tréteaux ? Il eut la honte de sa gloire et décida sa fuite immédiate.

« Cet acte peint l'homme, dit M. Faverolles. Au contraire de ce qu'on a cru longtemps, Rollinat était la sincérité et la simplicité mêmes. Il était, en face de la vie, naïf et désarmé, comme un grand enfant. Et c'est cette sincérité, cette naïveté d'impression qui donne le secret de son art. »

« Il n'a jamais été le cabotin qu'on a cru lorsque tout Paris accourait pour le voir et l'entendre. Il se donnait tout entier. Non ce n'est pas par pose que ce névrosé étalait son mal, c'était dans la force du terme un sincère. Il l'a bien prouvé en sacrifiant une vaine célébrité, et les profits qui l'accompagnent, à l'indépendance et à la vérité de son art. Ceux qui le taxent de cabotinage auraient-ils habité vingt hivers la maisonnette de paysan avec la *Mélancholia* de Dürer suspendue au chevet du lit ? » (Jacques-André Mérys, feuilleton des *Débats*).

« Par ces temps, s'écrie M. Louis Mandin, dans le *Petit Centre*, où, chez un si grand nombre de soi-disant gens de lettres, la conviction et la sincérité sont remplacées par l'industrie et la réclame, celui-là au moins fut probe et sincère, jusqu'à repousser la gloire courtisane. »

Cependant M. Armand Praviel n'a-t-il pas écrit dans l'*Express du Midi*, de Toulouse :

« Ce poète est une victime nouvelle de l'arrivisme, du désir frénétique de la popularité... Il aurait pu devenir un de nos poètes terriens, mais il lui fallait la renommée, la fortune, que sais-je ? Il vint à Paris et s'ingénia à forcer le succès !... »

Il est triste de constater que c'est l'étranger qui nous fournit la note juste :

« Sa célébrité, dit le *Jiornale d'Italia*, ne l'a pas empêché d'être l'un des hommes les plus modestes de son temps. »

Du reste, dans des lettres à ses amis, Rollinat s'est défendu lui-même, et nous devons le croire, car sa bouche et sa plume ont toujours ignoré le mensonge: « Je n'ai pas la préoccupation de la renommée : j'abandonne cette denrée vide, et je laisse brouter l'égoïsme de ma pensée dans le bon coin de la fantaisie: je ne travaille que pour moi, plutôt par hygiène morale que par besoin d'esprit... » — « Je n'ai conçu, exprimé que pour faire plaisir à mon âme, jamais pour la gloire et la renommée. »

« Non décidément, avoue M. Henry Céard dans l'*Evénement*, il n'y avait ni adresse, ni hâblerie dans ces terrifiantes idées où se complaisait l'imagination de Rollinat. Ces visions, ces cauchemars, ces tremblements, ces peurs étaient réellement les siennes, et c'est l'épouvante intime de son cœur dont il nous faisait les confidents, quand il écrivait ses strophes trépidantes et traversées de frissons... Ce que nous prenions pour une grimace, était la manifestation sérieuse et honnête d'un tempérament dont nous n'étions pas assez perspicaces pour pénétrer la profonde et ncurable névrose. Beau sujet d'étude pathologique pour le professeur Ballet qui, dans ses livres des *Psychoses*, traita si magistralement de la maladie de Maupassant. Il l'attribue à une paralysie interstitielle à marche lente et venant sûrement des lointains de l'organisme. »

Cela sera d'autant plus facile à M. le Dr Ballet que c'est précisément lui qui fut appelé à soigner Rollinat dans la maladie qui l'a emporté.

« Rollinat, lui aussi, avait ses lointains cérébraux, et c'est pour ne les avoir pas soupçonnés que souvent nous avons été conduits à nous tromper sur son caractère et sur son talent. »

Vous avez vu juste, M. Céard ; votre jugement, votre diagnostic, dirais-je, sont confirmés par l'opinion intime du poète lui-même, exposée dans une lettre à M. Armand Dayot de novembre 1897 : « Mes évocations lugubres sont involontaires ; et je les vis comme des réalités. »

UN RUSTRE

Voilà maintenant qu'on essaye de nous représenter Rollinat comme un être vulgaire, grossier, trivial, déséquilibré, incapable de tenir une conversation suivie et correcte — lui, le causeur si raffiné ! — animé des sentiments les plus vils, les moins patriotiques ! C'est pourtant ce qui ressort d'un article publié par l'*Action* d'après les souvenirs — très peu fidèles sans doute — d'un ami anonyme de Léon Cladel, retour de Sèvres où il avait passé une après-midi de l'*été de 1889* : « Il s'assied au piano. Il chante une mélopée lente sur un bizarre mode musical... puis il se retourne vers nous et il parle : « J'vas vous raconter *quèque* chose... » et il nous raconte qu'il a reçu l'hospitalité dans un vieux castel aux tours branlantes et dont les vastes salles sentaient la pisse de rats. — « La machine que je viens de vous jouer a été composée par moi dans ce château. N'est-ce pas qu'elle sent aussi la pisse? »... Cependant Cladel me présente : — « Alors, me dit Rollinat, vous êtes socialiste ? moi j'vas vous dire, j'suis bon, très bon. J'comprends la philanthropie, et qu'on soit charitable. Mais l'reste c'est d'la politique, et j'm'en fous ! D'ailleurs, j'n'ai rien d'un révolutionnaire. J'aime rèver, chanter, faire des machins. Quant aux bouleversements, aux révolutions, faut pas m'en parler. Et puis pour tout dire, j'suis le plus poltron des hommes. J'ai la frousse pour un rien. J'aurais jamais pu être un soldat. S'il m'avait fallu partir à la guerre, j'aurais fais caca dans mon pantalon. »

J'ai dit que cet odieux « fumiste » n'a pas osé nous livrer son nom : Mais, serait-il impossible de découvrir sa personnalité mystérieuse ? Essayons : 1° Ce socialiste notoirement militant ne serait-il pas député, comme il convient ? — 2° Il fréquentait intimement Léon Cladel : je m'imagine qu'il est écrivain et même poète. — 3° Il collabore à l'*Action* : il doit avoir quelque affinité avec l'ex-abbé Charbonnel et peut-être, lui-aussi, a-t-il jeté très anciennement le froc aux orties ? — 4° Enfin cette histoire-là me semble sentir de loin les bourdes méridionales. Et maintenant, cherchez le mot de l'énigme ?

Mais comment concilier cette version absurde avec le témoignage — que je déclare sincère — de deux amis de Rollinat : l'un, son commensal fréquent, qui, s'étant fait interviewer par l'*Éclair*, s'écrie : « Qui pouvait soupçonner, volontairement retiré dans son ermitage, ce qu'était cet esprit élégant, pondéré et très doux avec ses manières de *gentilhomme* rustique » ! — L'autre, M. Gustave Geffroy, nous représente le poète comme un causeur charmant, un être infiniment sociable, *distingué, bien élevé jusqu'au raffinement de la politesse, discoureur d'une originalité rare*.

Et Mme Judith Cladel, en tout cas, a conservé des visites de Rollinat chez son père un souvenir absolument différent ; écoutez ce qu'elle écrit dans la *Dépêche de Toulouse :*

« Il causait de tout ce qui frappait sa sensibilité d'être à la fois rustique et nerveux, jouant admirablement de sa voix nette, timbrée et tranchante, il décrivait la ville, les champs, les bois, les êtres, mais les multiples aspects qui traversaient sa réceptivité bizarre en revenaient empreints d'étrangeté, d'inquiétude et d'une nuance de fanatisme saisissant et ingénu. Il disait ce qu'il venait de traduire dans ses vers, ses sensationnelles *Névroses* : Ma sœur et moi nous frémissions devant celui qui nous semblait un grand frère *très éloquent*... Parfois il arrivait à l'improviste et nous trouvait seules en l'ermitage silencieux. Alors, timides, mais désireuses : « Dites-nous donc une fable, Monsieur Rollinat ! » — Ah ! Combien les jeunes, les mûrs artistes qui venaient passer le dimanche chez mon père lui emprunter courage, réconfort et chaleur d'âme, lui en demandèrent à Maurice Rollinat de ces obsédants lamentos d'une irrégulière qualité d'art, obstinément niée par les professionnels de la musique et si réelle pourtant... Tous ceux qui écoutaient le poète chan-

ROLLINAT DEVANT LA GRANDE CHEMINÉE DE FRESSELINES
d'après l'aquarelle d'Osterlind (musée de Châteauroux) et le cliché de M. Th. Johannet.

teur buvaient la poignante mélancolie de ses chants comme un philtre fait de sucs et de larmes. »

SOLITAIRE ET MISANTHROPE

Bien que j'aie touché déjà ce point de controverse, je ne puis m'empêcher d'y revenir, tant il est faux de dire que Rollinat fuyait la société de ses semblables et pratiquait sauvagement une existence érémitique ; tant il me semble nécessaire de raser de fond en comble, pour qu'il n'en subsiste même pas le souvenir, tout cet échafaudage de calomnies, des plus mesquines aux plus attentatoires, suivant le conseil de M. Lucien Descaves : « Ayant vécu au milieu de ses compatriotes qu'il accueillait toujours avec une hospitalité large et cordiale, c'est à ceux qui ont eu le plaisir de partager souvent son agreste demeure de détruire les légendes propagées on ne sait comment par des biographes inexactement renseignés. »

Et il ajoute :

« Le souvenir de Maurice Rollinat m'a poursuivi et possédé toute la semaine au point qu'il me serait impossible encore aujourd'hui d'appliquer mon esprit à un autre objet. Cette obsession, je crois bien que tous les amis du poète ont dû l'éprouver car son empreinte était en eux comme en moi, et rien n'avait pu l'effacer, ni l'éloignement, ni le silence, ni le temps. Il faut l'avoir entendu, ne fut-ce qu'une seule fois, pour apprécier à sa profondeur son influence magnétique... Sa physionomie si expressive, sa voix si chaude et si vibrante, le charme intense de sa causerie en faisaient un être si exquis et si prenant que les privilégiés qui ont pu le voir et l'entendre dans l'intimité, conserveront de lui un souvenir impérissable. »

M. Gustave Geffroy n'est pas moins affirmatif :

« C'est à Fresselines qu'il faut avoir vu Rollinat. Beaucoup l'y ont vu. Son hospitalité était cordiale et large. Chez lui on était chez soi ; j'en appelle à tous ceux qui ont sejourné dans la Pouge, qui était le nom de sa petite maison, pour témoigner qu'il n'y eut jamais d'être moins artificiel et moins réclamiste. Il était la sincérité même, juste le contraire de l'être que l'on voulait voir en lui. Son art était le produit même de sa nature. Il ne le voulait pas ainsi, il le créait ainsi par sa manière d'être.

Puis ailleurs :

« Il n'y fut pas toujours seul (à Fresselines). Quoi qu'on en ait dit encore, bien légèrement, il avait une grande tendresse pour ses amis de Paris [*et du Berry, j'ajoute*] et sa joie éclatait lorsque l'un d'eux descendait de char-à-bancs au seuil de sa chaumière, de même que la tristesse envahissait son visage au moment du départ... Tous ceux qui ont passé par la petite maison de Fresselines garderont fidèlement le souvenir des hôtes qui les ont accueillis. Maurice Rollinat est pour jusqu'à la fin dans leur mémoire, avec la gaîté, l'inattendu, l'éloquence haute et la cocasserie extraordinaire de sa conversation lorsqu'il présidait la table du déjeuner et du dîner, servant à la fois ses convives, ses chiens, ses chats et le petit cheval qui passait la tête par la fenêtre et parfois entrait, lui aussi, dans la salle à manger. Il faisait alors l'effet d'un Robinson qui aurait reçu des visites dans son île. »

Oui, comme l'a encore dit M. J.-A. Mérys, il aimait beaucoup ses amis et les recevait cordialement, les plus obscurs comme les plus célèbres ; et les jeunes auteurs étaient de ce nombre. Avec quel empressement, quelle bonté, quelle bienveillance, quel réconfort, quels conseils, quels encouragements, il accueillait et étudiait les essais timides que les débutants venaient soumettre à son jugement de poète expert et probe ! En voici un exemple que je choisis entre vingt autres parce qu'il m'est personnel :

Une fois, c'était à la fin de 1888, un jeune écrivain que je ne connaissais pas, mais qui avait appris mes relations intimes avec l'auteur des *Névroses*, vint me trouver, n'osant pas aborder en face le grand artiste dont les rayons de gloire l'éblouissait, et me pria de présenter à Rollinat un manuscrit qu'il désirait publier sous son égide. Tout en ayant fait de son mieux, il était modestement pénétré de l'idée que son œuvre n'était pas parfaite ; aussi attendait-il anxieusement et avec crainte le verdict de son juge ; il avait tort, et je vois encore sa joie et sa reconnaissance lorsqu'il reçut la réponse que voici :

« Remerciez bien pour moi M. T..... J'accepte très volontiers la dédicace de son petit poème rustiquement ingénieux, d'une inspiration franche et d'une jolie musique. »

Il étendait cette même bienveillance, cette même faveur, cette même condescendance aux *Journaux* et aux *Revues* qui sollicitaient l'autorisation de publier ses œuvres. Lorsque je pris, avec Eugène Hubert, la direction de l'ancienne *Revue du Centre*, je lui demandai sa précieuse collaboration :

« Je vous laisse absolument libre, m'écrivit-il alors, de prendre dans mes trois volumes telle ou telle poésie qu'il vous plaira d'insérer, et je souhaite nombreux lecteurs et longue existence à la *Revue du Centre*. »

« Je réserve — et j'y suis tenu — toutes mes œuvres inédites pour le *Figaro*. Croyez que, si je le pouvais, je vous aurais certainement donné une poésie n'ayant encore paru nulle part. »

Il avait en effet à cette époque un traité avantageux avec ce journal qui était le seul organe où il pût se faire imprimer « originalement », et je me rappelle à ce sujet avoir lu, un jour que j'étais à Fresselines, une lettre de M. Périvier, directeur du *Supplément littéraire*, qui, en lui envoyant vingt-cinq louis pour prix d'une poésie, s'excusait de ne pouvoir faire mieux, « la pièce publiée valant certainement le double ». C'était l'heureux temps !

A ce propos, il m'écrivait encore : « Je vous donne plein pouvoir de faire paraître dans votre *Revue* les poésies publiées par le *Figaro*, » et il ajoutait les quatre vers suivants destinés à servir d'autographe au bas de son portrait et qui découvrent la source et le programme de ses inspirations et de sa facture musicales :

Quand les regrets et les alarmes
Battent mon sein comme des flots,
La musique traduit mes larmes
Et répercute mes sanglots.

Je suis heureux de rendre ce personnel hommage à notre collaborateur si dévoué, dans cette *Revue du Berry* qui a conservé quelque parenté avec sa devancière disparue.

RELIGION

J'aborde une question délicate que je veux seulement effleurer, car la place me manque pour la traiter à fond : Quelles étaient les idées de Rollinat en matière de religion ?

Chacun, suivant ses propres sentiments — libres-penseurs, sectaires, ultramontains ou tolérants — a répondu diversement.

Barbey d'Aurevilly a dit tout à fait en l'air : « Ce visionnaire qui n'est pas mystique comme Pascal... est moins religieux que le satanique Baudelaire... Rollinat au contraire, chose prodigieuse, dans ses deux énormes volumes, n'a pas une seule fois écrit les quatre lettres du mot Dieu, même par distraction ! »

C'est une profonde erreur ! Elle est explicable et excusable par le fait que l'article d'Aurevilly a été composé précitamment, avant l'impression du livre des *Névroses*, d'après des notes prises sur le manuscrit de l'auteur. En réalité ce mot de Dieu se trouve dans *les Brandes* (voyez plutôt le *Crapaud*), mais principalement dans les *Névroses* où on le rencontre une dizaine de fois. Quant au reste, j'y répondrai tout à l'heure.

Le *Signal* l'intitule un des meilleurs parmi les poètes qui, dans la contemplation de la nature, virent apparaître la vie éternelle. Et il continue :

Son *panthéisme* se répandit comme un cantique d'adoration pour l'Être qui lui révélait l'univers :

Le cœur tend et monte vers lui
S'il a de certaine manière
Le frisson blanc de la lumière
Et le frisson noir de la nuit.
On dit sa gloire et sa louange
En admirant ce qu'un rayon,
Une rainette, un papillon
Peuvent faire d'un tas de fange.
On lui montre qu'on le vénère
En regardant pousser le grain,
Comme l'on prouve qu'on le craint
En tremblant au bruit du tonnerre.

Il s'approchait inconsciemment du puits de Jacob lorsqu'il disait :

. . . . Grande est la prière
Sans autre témoin que l'air nu
Le ciel et l'eau, l'arbre et la pierre.

Et il conclut : « Rollinat était un tendre qui, sans *foi religieuse*, pratiqua la piété d'une âme émerveillée par le spectacle de l'univers. »

La *Croix de Limoges* le représente comme « l'un de nos poètes les plus artistes, mais aussi un des plus désemparés au point de vue des croyances morales et religieuses » ; et le *Messager de la Creuse* comme « un sublime dévoyé, esprit de feu, âme vibrante, auquel la foi catholique a manqué.

L'amour de la gloire humaine et la violence des passions ont tué, dans son cœur, l'amour de Dieu, qui l'aurait fait grand ». — « Rollinat est mort de son cœur, dit l'*Echo de l'Indre*. Il semble que ce soit là une raison de s'accrocher, les yeux fermés, aux immortelles espérances auxquelles Rollinat pleurait de ne pas croire. »

Examinons d'abord Rollinat dans ses actes extérieurs, et commençons par lire cette anecdote qui a couru dans bien des journaux :

Il avait trouvé à Fresselines un brave et digne curé, devenu son compagnon, qui venait volontiers réconforter son esprit inquiet et partager parfois son repas. Si, emporté par le feu de la conversation, il se laissait aller à raconter des histoires trop... lestes, à prononcer des paroles mal sonnantes, le bon curé protestait doucement :

— Oh ! Monsieur Maurice ! Monsieur Maurice !

— Pardon ! murmurait-il, pardon ! !

Et il se précipitait vers son piano, les yeux dolents tournés vers le ciel, gémissant un chant d'église de sa voix lamentable qui vous prenait aux entrailles : *Parce Domine*. Et le curé de Fresselines pleurait...

La *Revue de l'Enseignement primaire*, commentant ce récit suivant ses tendances, explique : « Ces accès de dévotion faisaient partie de sa *folie*. Il aimait à donner comme épigraphe à ses poèmes des textes « sacrés » : *J'ai dit à la poussière tu es ma mère (Névroses, l'Aveugle)*. J'ai vainement cherché dans cet ouvrage la pièce intitulée *l'Aveugle*. Serait-ce la signature de l'auteur de cet entrefilet dont la déduction naturelle doit se formuler ainsi : « Il suffit de n'être pas athée pour être fou? » C'est aller trop loin !

On a écrit, dit le curé de Fresselines, que Rollinat tenait l'harmonium à l'église ; rien n'est plus exact : « Il advint, raconte un de ses camarades parisiens, que je tombai un dimanche matin à Fresselines. Le dernier coup de la grand'messe sonnait. Oh ! joie ! quel spectacle et quelle audition de voir le poète-musicien des *abîmes* et des *apparitions* accompagner *pieusement* le *credo* dans une église de village... Quand il parut sous le porche, il *se signa d'un geste ample*, donna de l'eau bénite à son voisin .. le voilà à l'harmonium, les chants commencent : il les accompagne et les dirige de sa voix. Le poète dominant cette maîtrise rudimentaire, reste recueilli, *visiblement pénétré de foi*, comme bercé par ces voix rustiques qui sont douces à cet échappé de la fournaise parisienne. Son air grave et reposé donne à songer. » — « Il tint l'orgue du hameau, répète M. Henry Gay, dans la *Provence artistique*, à la grand'messe où les paysans venaient écouter l'homme « qui faisait des livres » ; et en dirigeant une maîtrise champêtre, devant l'harmonium de Fresselines, il était aussi grave et recueilli, avec sa chevelure en broussaille, que devant le piano de Montmartre. »

Suivons maintenant M. J. Cantel, dans la *Femme française* :

« Le poète a pris plaisir à dresser le catalogue des corruptions informes de la chair et de tous les dégoûts sépulcraux, l'apothéose du charnier, le triomphe de la pourriture et du ver conquérant. Et par là, par son goût à peindre les misères finales de l'humanité, par cette hantise des malédictions de la chair, le poète des *Névroses*, si audacieux et si outrancier qu'il soit, se rattache à une tendance et à des aspirations profondément chrétiennes ; après la pléiade des poètes parnassiens épris en païens de la lumière et de la beauté physique, chantres sereins des splendeurs de la vie, Maurice Rollinat est, au fond, éminent spiritualiste et chrétien ; car que fait-il autre chose que répéter et renouveler le texte de tant de sermons de tant de prédicateurs sur la fragilité de la chair, et le néant misérable de l'existence terrestre. Cette origine liturgique de la tristesse qui poursuit sa pensée, le poète en avait lui-même conscience puisqu'il a donné pour épigraphe à son livre la phrase de Job : *Putridini dixi : mater mea es* ; *pater meus et frater meus, vermibus* (j'ai dit à la poussière : tu es ma mère ; au ver : tu es mon père et mon frère). Sa dernière pièce, *De profondis* qui forme à elle seule la seconde partie, vient nettement préciser ce sens nettement religieux du livre »

De son côté M. Emile Nivet, qui fut un de ses amis, n'avait pas craint de dire dans le *Journal du Centre* :

« Rollinat savait et disait que le « jamais plus » n'était que pour la terre ! « jamais plus » pour nous il ne chantera les mystères de la création, les beautés de la nature, mais il fera partie des Phalanges célestes dont s'entoure le Dieu dans lequel il avait mis sa foi.. »

Relisons le *De profondis* auquel on a fait allusion tout à l'heure :

Mon Dieu ! Dans ses rages infimes,
Dans ses tourments, dans ses repos,
Dans ses peurs, dans ses pantomimes,
L'âme vous hèle à tout propos
Du plus profond de ses abîmes !

Quand la souffrance avec ses limes
Corrode mon cœur et mes os,
Malgré moi, je crie à vos cimes :
Mon Dieu !

Aux coupables traînant leurs crimes,
Aux résignés pleurant leurs maux
Arrivent toujours ces deux mots,

Soupirs parlés des deuils intimes,
Vieux refrains des vieilles victimes :
Mon Dieu !

Pénétrons plus avant dans le livre où il parle « de l'éternel supplice auquel Dieu le condamne », de la nécessité de « bien faire sa récolte en attendant l'Éternité », de l'hypocrisie « qui est dans tout ce qu'a fait Dieu, dans l'air, dans l'onde et dans le feu » ; arrêtons-nous à la *Ballade des barques peintes :*

Dame la Vierge ! O vous qui dans les mauvais jours,
Donnez si promptement assistance et secours
A ceux que le danger cerne de ses étreintes !

Passons au *Cœur guéri :*

Les rêves bleus dont ma tête est remplie
Chassent au loin mes spleens et mes effrois
Pour me parler du Ciel *à qui je crois*,
Et je pardonne à ceux que je méprise,
Comme le Christ en mourant sur la croix !

Nous pouvons fermer le volume... Il me semble que pour être juste il faut au moins admettre que Rollinat avait le sens chrétien.

ORNITHOLOGISTE ET PEINTRE

Me voici arrivé aux légendes innocentes, qui n'avaient point pour but d'attenter à la réputation de Rollinat, au contraire ; mais comme ce sont des contes, il importe tout de même de les démentir.

Un journal local a publié : « Ornithologiste distingué, il avait réuni en une collection remarquable tous les oiseaux du pays qu'il donna l'an dernier à la ville d'Argenton, la ville du Blanc l'ayant refusée. »

Il faut rendre à César ce qui appartient à César, et je dois dire avant tout que ce journal a fait une confusion entre le poète et M. Raymond Rollinat, d'Argenton, son cousin.

Certes Maurice Rollinat était un naturaliste incomparable en tant qu'observateur et écrivain, mais il ne cultiva jamais l'art de l'empaillage !

« Et la petite troupe s'avança crânement pour en explorer les contours. Quelle ne fut pas leur surprise de se trouver en présence d'un peintre, entouré de plusieurs tableaux superbes. Au bruit insolite des enfants, Rollinat se retourne et abandonne la palette ; il montre un visage bienveillant et s'entretint longuement avec eux. Très perspicace, il devina aisément leur mauvaise action et la leur fit avouer sans peine, après leur avoir arraché la promesse formelle de ne plus recommencer, il fit en quelques coups de pinceau le portrait du plus jeune et les congédia. Les enfants... le lendemain, montrèrent la peinture à l'instituteur qui fut frappé de la ressemblance parfaite. Ils racontèrent naïvement leur aventure et tous les habitants de la petite commune de Fresselines voulurent connaître l'artiste qui habitait près d'eux : Rollinat était découvert, il quitta sa retraite pour venir habiter le bourg. »

Non dans « son château de Fresselines », non « dans l'une de ses propriétés », ainsi qu'on l'a publié ; mais, comme il n'était pas riche, puisqu'il avait dédaigné l'or américain, la fortune promise par les scènes parisiennes, il s'accommoda de deux maisonnettes de paysans contiguës et rendues communicantes par le percement d'une porte intérieure.

Ceci se passait en 1880, d'après le chroniqueur.

Je demande bien pardon à M. Dumont de détruire ses illusions d'enfant, mais si ses *souvenirs* ne sont pas de la pure imagination, il a été tout simplement victime d'une mystification : le peintre en question ne pouvait être qu'un de ces artistes parcourant, nombreux chaque année, les bords de notre belle Creuse, et, non certes notre aimable poète qui s'est spécialisé à peindre la nature en des vers d'une rutilante couleur mais n'a jamais touché un pinceau. Et si ma mémoire à moi est plus précise, cette rencontre avec Rollinat se trouve encore impossible pour cette raison qu'il vint se fixer dans le pays en 1883 seulement.

Une autre anecdote de M. Dumont me semble en revanche bien véridique, eu égard à la bonté proverbiale, à l'obligeance prévenante et active de celui qu'on appelait là-bas « Monsieur Maurice » :

« D'un commerce charmant, Rollinat sera unanimement regretté dans la commune de Fresselines, car il était extrêmement sensible et compatissant aux maux de ses semblables. Un jour, en revenant d'une promenade, il rencontra un homme qui avait l'air fort triste. Sans le connaître, il l'interpelle, lui demande d'où il vient, quelle est la cause de son chagrin

L'inconnu lui raconta qu'après avoir été l'un des cultivateurs les plus à l'aise de la contrée, il était presque ruiné et allait être chassé de chez lui. Sa ruine était causée d'abord par l'instruction de son fils qui était resté de longues années au lycée de Guéret et qui était sans place (*à méditer* !), ensuite par une perte considérable d'argent. Rollinat écouta amicalement son interlocuteur, écrivit quelques notes sur son carnet et se fit présenter le lycéen malheureux. Quinze jours après l'entrevue, ce dernier était casé dans les bureaux d'un ministère. »

SA MORT

Le tempérament de Rollinat, originairement névropathique, arthritique, avait été de bonne heure ébranlé par le travail intellectuel, la Muse qui l'absorbait sans trêve. Cela commença par des rhumatismes que sa passion de la pêche engendra, développa, aiguisa progressivement, au milieu des brouillards de la rivière, sous la pénétrante humidité des matins et des soirs, les pieds dans l'eau ou dans la neige, le corps insuffisamment protégé contre le cinglement de la pluie ou le picotement de la gelée. Puis ce furent des névralgies atroces, qui, sous l'influence du mal subtil et lâche, ne lui laissaient aucun repos. Enfin arriva la paralysie dont une attaque avait failli l'emporter il y a quelque temps : mais l'exceptionnelle robustesse de sa nature lui permit de triompher du mal... pas pour longtemps.

Il est à remarquer qu'il lui suffisait de quitter son village, de regoûter surtout à l'existence parisienne qui s'imposait à lui lors de la publication de ses livres et qu'il évitait du reste en toute autre circonstance, pour que sa santé s'ébranle profondément, pour qu'il y revienne moribond.

Déjà, en 1893, son état maladif avait exigé qu'il prît les eaux d'Evaux, près de chez lui.

Il m'écrivait, le 20 août 1896, — son volume *les Apparitions* venait de naître :

« J'ai été très malade à Paris, cet hiver, et depuis cette époque je ne dois une légère amélioration dans ma santé qu'au régime le plus sévère, en ayant soin d'éviter toute espèce de déplacements, fatigues, etc. C'est à peine si j'ai vu ma mère cette année, et je suis revenu de Châteauroux très endommagé par ce court séjour. Je suis donc au regret de ne pouvoir répondre à votre bonne invitation ; je ne vous en remercie pas moins de tout cœur. »

Dans une lettre à M. Armand Dayot, de novembre 1897, il disait :

« Je ne vais pas trop mal grâce à mon régime que je suis avec la plus stricte méticulosité. »

L'an dernier, l'ancien éditeur Charpentier le rencontrait par hasard, à Paris. Il était pâle et paraissait fatigué.

— Vous dînerez avec moi ce soir, lui demanda-t-il ? — Non, je suis triste et je ferais un mauvais convive. Je me sens perdu ! — Vous plaisantez ? — Non !

Combien vite ces lugubres pressentiments devaient se réaliser ! Il reçut dernièrement le coup fatal par un deuil cruel qui le laissa désemparé, sans forces morales et physiques, livré à toutes les tortures de la neurasthénie.

Ne pouvant se soigner à Fresselines, ni y endormir son cuisant chagrin, il vint à Crozant demander à un ami fidèle, le peintre Alluaud, asile et soins pour le corps et l'âme. Celui-ci le trouvant fort mal, décida de l'amener à son domicile de Limoges où il pouvait recourir plus facilement à la science des médecins. Le docteur Gilbert Ballet se trouvait justement de passage dans le pays, et Rollinat commença, sans résultat, un traitement indiqué par l'éminent praticien. Mais la maladie, paralysie de l'estomac et des intestins, tumeur carcinomateuse non reconnue, comme l'ont soupçonné certains docteurs, entérite aiguë suivant d'autres, la maladie faisait des progrès précipités ; on ne pouvait plus le nourrir qu'à la sonde œsophagique et encore son estomac supportait-il difficilement le bouillon et le lait. Il était réduit à rien : il ne pesait que 44 kilos ! C'est alors que sa famille consultée décida son transfert immédiat à Paris, dans une maison de santé où le docteur Ballet revenu pourrait diriger le traitement sous ses yeux.

Ce fut le mercredi, 21 octobre, qu'il quitta Limoges, accompagné de son cousin, M. Saint-Pol Bridoux, et fut confortablement installé à Ivry, dans la maison de santé du docteur Moreau de Tours. On espérait néanmoins le sauver ; les praticiens, d'après le *Jiornale d'Italia,* affirmaient même qu'il serait guéri en quarante jours ou deux mois : lui seul ne s'illusionnait pas et répondait : « c'est la fin... la charogne se vide ! » faisant allusion à ce flux de matières et de sang qu'il était maintenant impuissant à retenir.

Et vidé en effet, totalement épuisé, comme la lampe qui n'a plus d'huile, il s'éteignit très doucement dans une syncope, le lundi, 26 octobre, à huit heures trois quarts de la matinée.

Deux versions ont circulé au sujet de ses derniers moments : je les reproduis l'une et l'autre, car elles se confirment au fond plutôt qu'elles se contredisent :

Suivant *le Siècle,* Rollinat en s'éveillant se tourna vers l'infirmière et lui dit avec une voix sereine : « Quelle bonne nuit je viens de passer ! — je ne me suis jamais senti aussi bien »... L'infirmière s'approcha. Elle allait prendre la température du malade quand elle le vit pâlir... ce fut tout ; sans souffrance, sans effort, dans ce calme profond Rollinat venait de mourir.

Voici l'autre, la plus répandue : Le docteur Moreau de Tours en personne pénétra dans sa chambre. « Eh bien ! lui dit-il, vous voulez donc guérir ? » Il sourit, les paupières lourdes, relevées doucement, découvrirent des prunelles déjà noyées de brume ; il se dressa légèrement et répondit : « Oui, j'ai passé une bonne... » Il n'acheva pas, sa tête fatiguée retomba ; il eut un petit sanglot d'enfant, et il mourut.

Cette triste nouvelle se répandit vite dans Paris où elle produisit l'effet d'un coup de foudre. Les journalistes, pressés de l'annoncer, n'allèrent même pas aux informations ; ils la publièrent suivant leur propre imagination.

Le poète névrosé et macabre n'avait pu finir naturellement, comme tout le monde, surtout à Ivry ! Certains, plus discrets, annonçaient « le soudain obscurcissement de ce remarquable esprit », « dans la nuit de la raison disparue », parlaient de « ce manchot de la camisole de force » ; d'autres, plus hardis, lâchèrent le mot : le chantre de la folie était devenu *fou !*

Il faut du reste avoir sous les yeux, comme moi en ce moment, plus de neuf cents coupures de quotidiens et de périodiques, désespérément pareilles suivant le quantième du mois, pour se faire une idée, combien décevante, de la façon sommaire et uniforme avec laquelle est bâclée leur rédaction. Quelle misère d'information et quelle duplicité pour paraître neuf!

Voici à peu près comment la chose se passe, non pas toujours, mais le plus souvent:

1er *tableau*. Nous sommes dans la salle de rédaction d'un « grand journal parisien ». Ces messieurs de la presse se trouvent réunis autour de la grande table au tapis vert. Le secrétaire rentre en coup de vent: « Une nouvelle sensationnelle m'arrive par le téléphone... « Un Tel (personnage célèbre) est mort! » le chœur: « Comment? — Comment! Je n'ai pu le savoir au juste, mais ses antécédents, les embarras dans lesquels il se débattait depuis quelque temps, l'hypocondrie qu'il étalait, cette disparition subite, mystérieuse, permettent cependant de supposer qu'il a eu une fin tragique. Notre réputation de « journal bien informé » nous oblige à lui consacrer aujourd'hui même un article. Quelqu'un de vous le connaissait-il? — Ensemble: Non! — Ça ne fait rien, il me faut un article. Tenez, vous, X... faites-moi donc quelque chose, mais vite, vite! Vous savez que le journal doit s'imprimer dans une heure. Surtout ne manquez pas de dire qu'il a eu une fin tragique... ça fera mieux, car nous serons les seuls à l'annoncer!!! » Et X... sans se faire autrement prier, très vite, prend du papier, une plume, le Larousse pour les renseignements indispensables, et écrit, écrit, brode pour le surplus d'après les clichés communs appropriés à un sculpteur ou à un homme politique, à un musicien ou à un évêque, à un poète ou à un industriel, suivant les cas. Et voilà!

2e *tableau*. La nouvelle sensationnelle: *La fin tragique de M. un Tel* (emporté simplement par une pneumonie) a paru avec force commentaires dans le « journal bien informé ». Ailleurs on était à l'affût: on la découvre et vite on s'en empare. On ne cherche pas à savoir si elle est exacte, s'il ne conviendrait pas de la réserver jusqu'à plus ample information, si elle n'atteint pas la réputation, l'honneur, l'avenir, la mémoire de quelqu'un, si par conséquent il n'y a pas danger ou crime à la propager ; on n'y pense même pas. Et puis, en a-t-on le temps ? Une seule chose importe, c'est de ne pas se laisser devancer par le voisin. Alors commence cette cuisine à la vapeur : — vite, les ciseaux ! On la découpe. — Vite, à la composition ! On l'imprime, le plus souvent en « manchette ». — Vite, la vente ! Et le crieur prend sa course, s'époumone à la répandre dans la rue pour allécher le badaud. — Vite, à la caisse ! Et l'on constate en se frottant les mains que la recette s'en est augmentée d'autant !

Et c'est ainsi que plus de *cent* journaux (exactement 123) informèrent le monde de la *folie* de Maurice Rollinat.

Puis on se ressaisit, d'aucuns protestèrent : si la force du corps décroissait chaque jour, a dit M. Emile Nivet bien informé, la force géniale de son esprit demeurait jusqu'à la dernière minute aussi vive et aussi puissante.

La vérité déclare M. Lucien Descaves, c'est qu'il n'est pas mort *fou*.

« La presse de Paris parlait de l'entrée de Rollinat à Ivry dans des termes tels qu'on pouvait supposer que la raison du poète avait chancelé. Nous sommes en mesure d'affirmer de la façon la plus positive que jamais elle ne fut même ébranlée. Sa lucidité et son jugement étaient intacts. »

Enfin M. le docteur Dheur, médecin-adjoint de la maison de santé d'Ivry, intervint, un peu tardivement peut-être, pour déclarer : « Il est absolument inexact de dire que Rollinat est mort dans un accès de folie. *En réalité Rollinat n'a jamais été privé d'aucune de ses facultés mentales.*

Il fallait bien se rendre à l'évidence, on dut chercher autre chose. On fouilla dans le passé, on rappela l'histoire — aujourd'hui controuvée aussi — d'un drame familial terrible, on parla de morsures du chien préféré du poète, atteint d'hydrophobie (or l'autopsie du chien à l'Institut Pasteur a démontré le contraire). Et l'*Eclair*, grâce à la complicité mal interprétée d'un ami de Rollinat qui n'a pas craint d'exploiter de soi-disant secrets d'alcôve, trop intimes pour être dévoilés comme pour avoir créance, l'*Eclair*, dis-je, lança une autre version non moins fausse et non moins propagée pourtant : Le poète de la rage était mort *enragé* ! — Oui, il avait eu cette fin inouïe exprimée par certain journaliste en une phrase vraiment lapidaire : UN NAUFRAGE FINAL, IRRÉMÉDIABLE, DANS UNE GOUTTE DE BAVE ÉCUMANTE. — *C'est-il beau!* doit s'exclamer, suivant une expression qui lui était familière ici-bas, l'Esprit du poète des *Apparitions*, si, pendant que j'écris, il lit par-dessus mon épaule ! Comme c'est plus fort, en effet, que les vieilles locutions démodées de la « tempête dans un verre d'eau » et de la « noyade dans un crachat » !

Etait-ce assez trouvé ? était-ce assez dramatique ? Et la presse d'en tirer des conclusions de circonstance :

« Rollinat a connu les affres virtuelles de la rage avant de les éprouver matériellement. C'est un cas presque unique dans le martyrologe de l'art. » — « Je crois, s'écriait le *Capitale* de Rome, que parmi ses poésies fantastiques, Rollinat n'avait supposé trouver rien de plus épouvantable ! »

« Il eût été regrettable, dit malicieusement l'*Eclair*, en vue sans doute de racheter sa propre faute, il eût été regrettable qu'un reporter audacieux n'affirmât point le suicide de Rollinat. Quelle autre fin, pour qui juge avec la foule superficielle et banale, eût pu convenir mieux au chantre amoureux de la mort ? »

Ce reporter audacieux n'est autre que M. Raoul Aubry, qui, tout seul, assume cette lourde responsabilité devant l'histoire, car c'est l'*unique* article de M. Raoul Aubry, soit *in extenso*, soit découpé par tranches, qui a propagé cette nouvelle légende dans les deux mondes. Une telle déclaration lui donnera-t-elle quelques salutaires remords, ou le comblera-t-elle d'une joie plus intense ?

Voici ce qu'il a écrit dans le *Temps* avec une plume si savamment hypocrite qu'il donne l'illusion de la sincérité :

« Quelques chroniqueurs persistent à prendre, pour sujet de leurs récits, la fin de Rollinat, qu'ils tiennent absolument à nous montrer agonisant parmi des crises de démence... C'est fort pittoresque ; mais pareille cruauté dans l'erreur blesse les *amis fidèles* du poète et nous devons, *à la demande de quelques-uns*, rapporter la vérité. Maurice Rollinat s'est suicidé ! »

Voici donc enfin la bonne version, la troisième : Le peintre du suicide était mort par le suicide, d'une balle de revolver dans la tête.

Eh bien ! non ! mille fois non !! tous ces racontars déplorables sont archi-mensongers et j'invoque l'autorité et le témoignage du docteur Dheur déjà cité pour affirmer que Maurice Rollinat est très naturellement mort « d'une *attaque d'entérite compliqué d'un marasme physiologique* (que la science appelle *cachexie neurasthénique)* contre lequel aucun soin ne pouvait prévaloir. »

Et je ne saurais mieux faire, pour clore ce lugubre chapitre, que de citer ces paroles, publiées dans la *France*, de M. Antoine Gallet dont je partage absolument le sentiment :

« La mort de Maurice Rollinat ne suscita que la curiosité de savoir comment il avait bien pu succomber. On s'occupa de sa folie (qui ne fut jamais) ; de son désespoir. Puis on finit par lui attribuer un suicide démenti formellement. Il eût mieux valu faire savoir à tant de ceux qui l'ignorent volontairement, ou le nient systématiquement, le grand artiste qu'il a été ! »

LES AMIS DE PARIS

M. Raoul Aubry, dans son article du *Temps*, nous informe que « les meilleurs camarades de Rollinat furent, après lui, MM. Armand Dayot, Gustave Geffroy, Eugène Carrière, Georges Coulon, Claude Monet, Charles Frémine, Maurice Hamel, Lucien Descaves, Octave Mirbeau, Rodin, Ernest Forichon, Maurice Mæterlinck, Octave Uzanne, Joseph Montet, Detroy, tous ses passionnés admirateurs ». J'en pourrais citer infiniment plus.

Certes beaucoup d'entre eux ont attesté cette amitié profonde dans les pages magistrales qu'ils lui ont consacrées, tout empreintes d'une admiration sans restrictions, d'une chaleur d'âme et de style communicative, d'une hauteur de sentiments et de vues, d'une combativité généreuse et juste qui leur font le plus grand honneur et dont je suis heureux de leur rendre un faible témoignage.

Que quelques autres me permettent de leur reprocher amèrement leurs bavardages, leurs indiscrétions inutiles qui, mal compris et mal utilisés, il est vrai, par leurs metteurs en œuvre, n'en ont pas moins jeté la perturbation et le doute dans les esprits, faussé les chroniques, donné naissance à ces lamentables légendes dont les cendres de l'homme autant que la gloire du poète auront peut-être longtemps et beaucoup à souffrir. Ce ne sont pas là des preuves de grande et sincère amitié, mais plutôt de gloriole égoïste, de mise en vedette puérile.

Et cette opinion ne m'est pas seulement personnelle : au contraire je me trouve en cela d'accord avec bien d'autres écrivains, particulièrement avec M. Raoul Lafagette qui, après avoir vanté l'interprétation heureuse, l'exactitude d'un portrait de Maurice Rollinat dû au crayon de Mlle Jane Rouquet, constate :

« Je ne puis rendre le même témoignage au collaborateur anonyme qui a écrit, dans le même numéro de la *Revue Méridionale*, une notice sur Rollinat. Il n'a évidemment pas connu en personne le poète des *Névroses*, et dès lors, les lignes qu'il lui consacre ne sont que l'écho des informations inexactes dont le reportage parisien a inondé la grande presse. — Quelle souffrance pour l'ami des premières heures et de toujours, que la banalité de ces hommages, par lesquels le moindre inconnu voudrait faire croire qu'il fût un familier de l'illustre défunt ! Combien nombreux ces exploiteurs de cadavres,qui prennent pour tremplin un cercueil et ne louangent le mort que dans le stupide espoir de détourner sur eux une partie de sa gloire ! De tous les arrivismes, celui de ces nécrophores est le plus odieux. *Ils mordraient au lieu d'applaudir, s'ils y voyaient quelque avantage.* Cherchez le mobile de leurs acclamations intéressées, vous trouverez l'intolérable vanité qui tuméfie la pire sottise. Voilà comment a pris naissance et s'est propagé le mensonge d'un Rollinat à la chevelure d'ébène et à l'œil de jais. Rien de plus faux. Rollinat n'avait les cheveux ni blonds ni noirs, mais d'un châtain mat et légèrement fauve, qui s'assombrissait dans les épaisseurs et s'harmonisait bien avec la teinte des yeux visionnaires, incisifs et flamboyants. Ces yeux scrutateurs, souvent volontaires jusqu'à la dureté, parfois ineffablement doux ; ces yeux tragiques ou candides, mais toujours si étranges, qu'ils restaient à jamais dans votre mémoire et, pareils à ceux dont parle Edgard Poë, « *ne s'en allaient pas, ne voulaient pas s'en aller* », ces yeux n'étaient pas noirs, mais d'un gris vert d'huître, et, comme l'a très bien remarqué le poète Charles Frémine, le regard lançait des éclairs rouges. Telle est la vérité. La figure fausse des articles de journaux ou de revues n'est qu'*un mensonge initial, reproduit à satiété par tous les perroquets de l'information.* »

C'est ainsi que, parmi les *amis de Paris*, les tapageurs ont tout l'air de vouloir ériger un cénacle et accaparer le maître à eux seuls, — autant peut-être par réclame, par pose et par intérêt que par amour véritable et par piété d'art, je le répète ; car je pourrais citer tel d'entre eux qui se targue le plus bruyamment de son intimité — pourtant intermittente — avec le poète, et qui se vantait naguère de n'avoir pas voulu de l'été mettre les pieds à la campagne « dans la crainte d'être obligé de recevoir Rollinat » qu'il avait imprudemment invité à y venir passer un mois ! !

— Un autre, chez lequel Rollinat était descendu pendant un court séjour à Paris, s'empresse, pour se dédommager de ses frais de réception, de porter chez un bouquiniste les lettres mêmes où le poète, trop reconnaissant puisqu'il le remboursait, se confondait en remerciements sur sa généreuse hospitalité. — Un troisième (je pourrais tous les nommer), publiciste talentueux et cossu, avait consacré un article à Rollinat qui, en août 1882, lui écrivait de Bel-Air, commune de Ceaulmont, près Argenton (Indre) — propriété de sa mère :

Mon cher B...

Merci pour ce fragment de votre âme que vous m'avez envoyé. Amer et mystérieux comme les larmes intérieures, strident comme le cri, fatal comme la résignation, ce style a galvanisé mon *àquoibonisme* et délicieusement poignardé tous les blasements de mon esprit. Vous avez tenu en arrêt ma curiosité qui s'émousse, et d'un bout à l'autre, j'ai admiré dans ces lignes sauvages la grande sorcellerie des pensées vierges et du vocabulaire inventé.

Venez à Bel-Air, mon cher ami, je vous attends. Profitez du moment où je suis seul avec ma bonne... Haraucourt doit arriver dans cinq ou six jours ; arrangez-vous pour vous trouver avec lui.

Je compte absolument sur votre bonne venue ; et surtout, ne manquez pas de m'avertir du jour et de l'heure exacte de votre arrivée à Celon.

Au revoir et merci encore, mon cher B... à bientôt et cordiale poignée de main.

MAURICE ROLLINAT.

Mes affectueux respects à M. d'Aurevilly, et toutes mes amitiés à Georges, Buet, Ménard, Kryzinska, etc..... J'ai lu et relu l'article du Chat noir — je le trouve superbe. Lorin et moi nous sommes fiers d'être ainsi appréciés par une telle conscience d'artiste et de religieux philosophe.

Si, vous ou moi, nous avions reçu un tel et si haut témoignage d'amitié, de reconnaissance, d'admiration, nous l'aurions conservé, serré précieusement, comme une insigne relique de l'illustre disparu : que nous sommes donc « province » ! L'ami de Paris, blasé et pratique, lui, a tout simplement escompté la mort du poète, qui en doublait la valeur vénale, pour retirer *trois francs* de sa lettre. Que voulez-vous ? C'est peu sans doute, mais c'est toujours ça, pour quelqu'un surtout qui n'en a pas besoin ! J'avais entendu dire qu'une visite chez les mar-marchands d'autographes était instructive : N'est-ce pas votre avis ?

Encore un reproche : personne n'a oublié les magnifiques funérailles que sa ville natale fit au poète, magnifiques seulement par le cortège imposant, la foule innombrable qui l'accompagnaient, par le chagrin ou l'émotion qui se traduisaient sur chacun des visages, plus encore que la curiosité, ou l'indifférence, quoi qu'on en ait dit. Tout en suivant tristement le corbillard qui disparaissait sous un voile de fleurs berrichonnes, j'écoutai les murmures, les commentaires de mes voisins ou des passants : Eh bien ! Messieurs, on s'étonnait généralement que pas une couronne, pas une fleur, pas un souvenir des amis de Paris n'ait recouvert ce cercueil de chêne tout nu dans son fourgon, endeuillé seulement par la noire fumée de la locomotive ! — Comme M. J. Belon qui écrivait dans la *Patrie* :

> « Tous ceux qui ont vibré aux accents de ses étranges poèmes ne manqueront pas, j'en suis certain, d'accompagner celui dont la fin a ému le monde des lettres et que, malgré son éloignement, nous aimions savoir vivant au milieu des champs dont il comprenait, à la manière d'un Millet, la savoureuse poésie. »

Comme M. Belon, chacun s'attendait à voir au moins certaines figures parisiennes, une délégation, quelqu'un : Cependant, à l'exception de M. Ernest Forichon que je classe plutôt dans les camarades berrichons, aucun des amis de Paris ne marchait derrière cette dépouille illustre ; — à l'arrivée au cimetière, la foule se rua vers la tombe pour l'audition des discours : mais il n'y avait personne de Paris, aucune voix autorisée pour dire le mot d'adieu, pas même l'indispensable représentant de cette *Société des Gens de lettres* qui prodigue habituellement ses délégués aux obsèques des plus médiocres talents, et qui croit s'être suffisamment acquittée de ses devoirs de bonne confraternité envers le grand Rollinat en lui consacrant, dans son dernier bulletin, une notice nécrologique de *trente-quatre* lignes dans laquelle elle se borne à nous apprendre qu'il fut reçu membre de cette société le 4 avril 1892, avec le parrainage de MM. Alphonse Daudet et J. Montet, et sur le rapport de M. Fernand Hue, et qu'il avait déjà acquis une grande notoriété parisienne lorsqu'il s'y présenta.

Enfin les amis de Paris pensèrent faire mieux en cherchant une manifestation de leur culte du souvenir plus durable et plus retentissante. Les journaux ont annoncé partout qu'au lendemain de la mort de Rollinat, M. Armand Dayot s'était, en leur nom et au sien propre, rendu chez Rodin pour demander au grand sculpteur de bien vouloir exécuter le buste du poète-musicien. — « Non, dit-il, car je ne pourrais représenter comme il convient ce rare artiste qui m'impressionna tant, sans l'avoir eu pour modèle, vivant, sous mes yeux. J'avais plusieurs fois insisté pour qu'il posât devant moi ; il se déroba toujours. Il est parti ; maintenant c'est trop tard. — Mais cette semaine, tout agité par sa mort, j'ai commencé, sans but et pour moi-même, un bas-relief que son talent prodigieux m'inspira. » Et il montra à M. Dayot l'esquisse d'un bas-relief à exécuter en marbre : *le poète angoissé étreint ses tempes à deux mains et s'épouvante aux audaces de son rêve.* On disait que cette œuvre, déjà puissante quoiqu'imparfaite, traduisait avec intensité la personnalité si curieuse du poète, et que, par les soins des amis de Paris, ce monument s'édifierait l'an prochain sur la tombe du cimetière de Châteauroux.

Ceci était le projet d'hier. Aujourd'hui, Rodin a changé complètement son sujet et il a montré aux parlementaires anglais et à leurs femmes, qui étaient venus visiter ses ateliers, une *dernière vision* destinée actuellement au tombeau du poète Rollinat et où *un homme qui se noie aperçoit, pour la dernière fois, le visage de la femme aimée.*

Espérons que ce projet n'aura à subir aucune nouvelle modification, pas plus de la part du maître que de celle des donateurs.

A la lecture de cette annonce, j'avais pensé que Rollinat

n'appartenait pas à tels ou tels, mais à l'universalité de ses parents, de ses intimes, de ses compatriotes, de ses admirateurs; j'avais songé que les *amis du Berry*, ceux de la première et de la dernière heure, moins distingués ou moins en vue sans doute, mais non moins attachés et aimés, n'avaient pas le droit de rester en retard; et, sans rien dire d'abord, j'avais écrit au grand statuaire Bartholomé, avec lequel j'ai l'honneur d'être en relations, pour lui demander s'il consentirait à exécuter un modeste monument: plaque commémorative artistique à apposer sur la maison natale du poète, buste en bronze à ériger dans le jardin public ou à installer dans notre musée municipal, quelque chose enfin qui fût l'hommage unanime des Berrichons à leur compatriote honorable. Bartholomé me répondit aussitôt qu'il mettait de grand cœur à ma disposition son art avec son concours dévoué et désintéressé pour la réalisation de cette pensée. Je m'ouvris alors de mes intentions à quelques familiers du poète qui modérèrent mon empressement, jugèrent qu'il était préférable d'attendre.

Aujourd'hui que j'ai été amené à parler, je me laisse entraîner à agiter cette question publiquement et à demander à mes lecteurs quelle est leur opinion, en les priant de me la faire connaître, tant au point de vue de l'opportunité du projet qu'à celui du choix du motif?

Toutes ces choses, je tenais à les dire (peut-être les ai-je dites avec trop de franchise et de chaleur? — en ce cas le parti pris outré, la provocation violente de certains, l'oubli ou le lâchage des autres, ma légitime indignation, mon affection pour l'ami, mon culte pour l'artiste seront mon excuse); je tenais à les dire, brièvement, mais sans plus tarder, pour détruire les légendes absurdes ou criminelles avant de leur donner le temps de s'incruster dans les esprits, pour confondre les détracteurs démasqués, pour faire luire la vérité dans son plus pur éclat; je tenais à les dire dans ce numéro pieusement consacré à la défense et à la glorification posthumes de Maurice Rollinat, dans cette *Revue du Berry*, mieux que toute autre à la portée de ses concitoyens jaloux à bon droit de la mémoire intangible de leur poète !

J. PIERRE.

Château de Charon par Cluis (Indre), janvier 1904.

P. S. — Un mot sur quelques gravures de ce recueil, dont j'ai fourni les originaux : C'est d'abord Rollinat dans tout l'éclat de sa jeunesse, de sa beauté et de sa notoriété, au moment de l'apparition des *Névroses* (reproduction d'une photographie de Nadar, qu'il avait bien voulu m'offrir avec une cordiale dédicace) ; — puis un *Rollinat intime* — entre deux âges — vêtu de son costume préféré de pêcheur, en velours à côtes, pensif au coin de la *Grande cheminée* si merveilleusement décrite dans son livre : *En errant*, flanqué de son fidèle compagnon le chien Pistolet, d'après une aquarelle du maître peintre Allan Osterlind et l'excellent cliché de notre ami Th. Johannet pour lequel le capricieux objectif n'a plus ni résistance, ni secret. Ce tableau, grâce à la libéralité attentionnée du poète, appartient depuis plusieurs années au musée de Châteauroux ; — c'est encore *Rollinat devant son piano* de Fresselines, au déclin de sa vie ; — et le *Rollinat au chapeau*, le dernier portrait que nous avons de lui.

Comme reproduction particulièrement précieuse, je signale la *tête* de Rollinat, très beau crayon aux trois couleurs de Ringel d'Illzach, le seul sculpteur qui ait été admis par le poète à modeler ses traits. Cette étude d'après nature, datée de 1894, a servi au statuaire pour l'ébauche du *Masque* en plâtre bien connu, exposé à notre musée, et que tous les amis de Rollinat possèdent ou voudront acquérir. Destinée originellement à *l'Artiste*, le directeur de ce journal, M. Alboize, conservateur en outre du musée de Fontainebleau, a consenti très obligeamment à la laisser publier dans cette notice, comme un hommage collectif de Ringel et de lui rendu à la mémoire de leur grand ami.

Enfin, à part les familiers du poète, tout le monde ignore

que Rollinat, en sa jeunesse, avait composé, dans le genre libre, une série de poèmes très capiteux et très réalistes, contemporains et similaires de ceux de la *Chanson des Gueux* de Jean Richepin, comme le *Ramasseur de bouts de cigares*, la *Cuvette qui parle* et tant d'autres dont le titre m'échappe. Malgré des offres fort avantageuses et réitérées, l'homme mûr avait toujours refusé de les recueillir et de les laisser imprimer. Il se contentait de les distribuer à ses intimes. C'est ainsi que je me trouve en possession d'une de ces pièces inédites et autographes dont je publie les premières strophes qui suffiront à dévoiler le poète sous ce curieux aspect.

Un devoir m'incombe avant de poser la plume : c'est de remercier tous ceux, dénommés dans le cours de cet écrit, qui ont bien voulu faciliter notre tâche en devenant nos collaborateurs désintéressés. Je le fais de tout cœur, en les assurant de notre profonde reconnaissance.

J. P.

PREMIÈRE PARTIE.

UN POÈTE A L'HORIZON

I

Ce n'est pas d'un livre que je veux parler aujourd'hui, c'est d'un homme, — l'auteur d'un livre, il est vrai, et même d'un livre de poésies, lequel n est pas publié encore, mais qui va l'être et que je jugerai quand il aura paru. Cependant je connais ce livre. Il a passé devant moi sous deux formes qu'il ne gardera pas... malheureusement, car ces deux formes ont leur genre de beauté original et très puissant, et donneraient à ce livre une poussée formidable pour atteindre au succès qu'il a le droit d'ambitionner. L'auteur de ces poésies a inventé pour elles une musique qui fait ouvrir des ailes de feu à ses vers et qui enlève fougueusement, comme sur un hypogriffe, ses auditeurs fanatisés. Il est musicien comme il est poète, et ce n'est pas tout, il est acteur comme il est musicien. Il joue ses vers ; il les dit et il les articule aussi bien qu'il les chante.

Et même est-ce *bien* qu'il faut dire ; ne serait-ce pas plutôt *étrangement* ? Mais l'étrange n'a-t-il pas aussi sa beauté ? Quel dommage qu'il ne puisse pas se mettre, tout entier, sous la couverture de son livre ! Il serait acheté à des millions d'exemplaires ; il recommencerait le succès de Thomas Moore, au commencement du siècle, quand il chantait dans les salons de Londres, ses touchantes *Mélodies irlandaises*. Seulement, ce ne serait pas un poète rose, comme *Little* Moore, qui chantait l'amour et ses beautés visibles ; c'est un poète noir, qui chante ses épouvantes de l'invisible et qui nous les fait partager...

Ce jeune homme, sombre comme Manfred, et comme *dans la nuit dont son cœur est l'image*, s'appelle Maurice Rollinat. Guérin aussi s'appelait Maurice. Sera-t-il plus heureux que Guérin qui n'a pas vu sa gloire ?. . Mais l'enthousiasme a ses prophètes.

Les ensorcelés qui l'ont entendu disent hautement en parlant de lui :

« Vous savez la nouvelle ? Baudelaire est ressuscité ! et un second volume des *Fleurs du Mal* sort avec lui de son tombeau ! »

Eh bien, c'est une erreur. Rollinat n'a pas à mettre son blason « en abîme » sur celui de Baudelaire. Il n'a pas cette identité absolue avec le grand poète d'hier qui a, pour sa gloire, le bonheur d'être mort.

Maurice Rollinat qui l'a ressuscité disent ses amis ; le ressuscitera-t-il par la longueur du temps qu'il mettra à l'attendre ? car Baudelaire, pendant toute sa jeunesse, traîna un livre de génie à travers d'imbéciles éditeurs, qui n'en voulaient pas et qui maintenant l'impriment à genoux ! Baudelaire ressuscita lui, Edgar Poë, car la poésie de ces deux poètes dont l'un traduisit l'autre, n'est pas, comme on pourrait le croire, une imitation réussie, mais dans leur double inspiration, c'est la plus puissante identité !

Phénomène poétique par exemple ! Ne faire qu'un étant deux, à distance dans la vie d'un siècle, par le fait unique d'organisations étonnamment semblables, et d'un accord parfait dans les impressions, véritablement extraordinaire, constitue l'originalité collective et particulière à la fois de ces deux ménechmes de génie, Edgar Poë et Charles Baudelaire.

Maurice Rollinat l'ajoutera-t-il à eux comme une Trinité future, comme la troisième personne de cette trinité dont le règne n'est pas venu encore, — la seule ressemblance, par parenthèse, je le crains bien, qu'elle aura jamais celle-là, avec le Saint-Esprit !

Bien avant, en effet, que Maurice Rollinat se débattit dans cette pénombre obscure dont un poète encore plus fier que lui ne serait pas pressé de sortir et qu'il épaissirait autour de lui comme un mystère, plus beau que l'indiscrétion de la gloire, c'était Baudelaire et Edgar Poë, qui partageaient à eux seuls, l'empire de l'imagination de ces derniers temps. Ils pouvaient la troubler profondément et ils l'ont troublée, mais ils la dominaient. A eux deux, en attendant le troisième, qui viendrait ou qui ne viendrait pas, ils étaient devenus la plus éclatante expression de la poésie moderne.

Ils étaient les rois de cette poésie qui s'est assise sur la tombe de la Poésie du passé — la poésie, sereine, idéale, lumineuse ! Ils étaient enfin la poésie du spleen, des nerfs et du frisson dans une vieille civilisation matérialiste et dépravée, qui prend ses dépravations pour des développements et qui en est à ses derniers râles et à ses dernières pâmoisons !

II

Mais n'importe, après tout ! c'étaient encore des poètes ! c'était encore de la poésie ! Elle était gâtée dans sa source, je le reconnais ; elle était physique, maladive, empoisonnée, mauvaise, décomposée par toutes les influences morbides de la fin d'un monde qui expire, mais elle n'en était pas moins de la poésie, prouvée même par la puissance qu'elle a sur nous tous, cette poésie faussée dans son inspiration et qui tournait et touchait souvent à la démence.

Est-ce qu'Edgar Poë et Baudelaire ne se complaisent pas quelquefois dans la sensation de la démence ?... Je sais bien que dans les temps comme il n'en est plus aux époques de l'Histoire les plus pures et les plus harmonieuses, tous les Irrespectueux et les Vulgaires, dans l'intérêt du prosaïsme de leurs esprits et de leurs âmes, traitaient les poètes avec insolence et marquaient du mot méprisant de « folie » la magnifique exaltation des facultés qu'ils n'avaient pas. Mais quand les temps actuels ne sont plus guère explicables qu'à la pathologie, le mot insultant et superficiel a pris la profondeur d'une vérité. Certes ! on trouverait plus aisément qu'autrefois sur le front des Edgar Poë et des Baudelaire le coin de la *démence* que les Anglais cherchaient sur le beau front de leur Byron, et qu'ils croyaient y voir pour l'y trouver.

Aujourd'hui, la poésie n'est plus qu'une Ophélie sans pureté et sans amour... mais quelque démente qu'elle soit ou qu'elle puisse être, cette poésie moderne, au cerveau plus ou moins lézardé, cette fille de l'égarement universel n'en est pas moins toujours la poésie, c'est-à-dire la plus belle ou la moins laide des choses humaines ! Elle n'en demeure pas moins dans son rapport naturel et inaltérable avec nous et fussions-nous plus bas ou plus insensés que nous sommes, la proportion entre les poètes et les autres hommes, n'en resterait pas moins dans son éternelle inflexibilité.

Et encore, faut-il ajouter, pour être juste, que cette poésie, physique et maladive, d'une époque si désespérément décadente, cette poésie du spleen et du spasme, — de la peur, de l'anxiété, de la rêverie angoissée, du frisson devant l'invisible, cette poésie adorée dans leurs œuvres par des générations qui n'ont plus que des nerfs et qui est la poésie habituelle d'Edgar Poë et de Baudelaire, n'en est pas moins, malgré l'effroyable perversion des têtes dont elle est sortie, le dernier cri, — noble quand on la compare à tant d'autres cris, — de la matière impuissante, si stupide, si avide et si lâche devant le menaçant mystère des choses, qui nous étreignent de leurs ténèbres, pendant notre passage de quelques minutes ici-bas. Tout est, en ce moment du XIXe siècle, plongé dans un matérialisme qu'on ne sait plus, pour peu qu'on respecte sa langue, même comment nommer, mais les poètes modernes, de cela seul qu'ils sont des poètes, ont l'horreur instinctive de cette fange dont ils veulent dégager leurs pieds divins, et ils les en arrachent violemment pour ne pas être étouffés par elle. C'est alors qu'ils se rejettent aux nervosités de la nature humaine car les nerfs sont plus spirituels que la chair.

Ce qui fait presque pardonner à la poésie de Baudelaire et de Poë ses insanités, c'est que nés tous deux fatalement du matérialisme contemporain, il sont moins des matérialistes que des nerveux.

Leur poésie remonte par les nerfs, — ces subtils fils conducteurs — vers la spiritualité céleste, et la poésie aussi de Maurice Rollinat, qui, m'a-t-on dit, a intitulé son livre « les Névroses ».

III

C'est à lui que je dois revenir. Les deux autres, Edgar Poë et Baudelaire ont eu leur destinée. Ils ont enfin, à force de génie, violé cette gloire, qui, longtemps, avait fait la bégueule avec eux, et ils l'ont maintenant comme une maîtresse esclave. Mais Maurice Rollinat n'en est encore qu'où ils furent toute leur vie, avant de mourir.

Il est en train, comme eux, d'acheter des tortures de sa vie entière ce qu'ils n'eurent que quand ils n'étaient plus.

Je l'ai dit, dès les premiers mots de cet article, Maurice Rollinat fait présentement, avec ses deux volumes de poésies, ce que Baudelaire, à son âge faisait avec le sien. Baudelaire fut le rapsode de ses *Fleurs du Mal* dans les quelques salons qui ne craignaient pas l'odeur, dardant la cervelle de ses syringas terribles. Il les disait, ses *Fleurs du Mal,* avec cette voix douce et mystificatrice, qui hérissait le crin des bourgeois quand il les distillait suavement dans leurs longues oreilles épouvantées. Rollinat est aussi son propre rapsode, mais c'est un rapsode d'un autre accent, d'un autre geste, d'un autre pincement de voix que l'ironique Baudelaire, ce diable en velours...

Lui, Rollinat, c'est un diable en acier, en acier aiguisé qui coupe et fait froid en coupant. Inférieur peut-être à Baudelaire pour la correction lucide et la patience de la lime qui le font irréprochable, Rollinat pourrait bien lui être supérieur ainsi qu'Edgar Poë par la sincérité et la profondeur de son diabolisme. Poë a souvent mêlé au sien bien de la mathématique et de la mécanique américaine et Baudelaire, du versificateur. Il avait ramassé chez Théophile Gautier, le petit marteau, avec lequel on martelle les vers, par dehors...

Quand Baudelaire et Poë sont à bout d'inspiration et d'expression diabolique, ils s'appliquent des espèces de traitements atroces, et ils remuent à l'aide des moyens les plus grossièrement meurtiers leur punch infernal, pour que la flamme bleuâtre ne s'en éteigne pas.

On le sait maintenant, Edgar Poë lampait en enfilée douze verres d'eau-de-vie, avant d'écrire ; Beaudelaire se jetait à l'opium et à la morphine, et ils sont morts tous deux pour avoir voulu raviver à ce prix les défaillances de leur génie ! et c'est par là que Rollinat, tout en leur ressemblant, diffère d'Edgar Poë, l'ivrogne sublime, et de Baudelaire, l'homme au haschisch des *Paradis superficiels*.

Pour être poétiquement diabolique, Rollinat, cet homme de nervosité naturelle, n'a besoin ni de piments, ni de moxas, ni de cantharides. Il n'a ni habileté, ni subtilité, ni retorsion, ni préméditation d'art, scélérate...

D'impression c'est un naïf, et de longueur de souffle un infatigable. Quand il dit ses vers ou qu'il les chante, avec cette voix stridente qui semble ne plus sortir d'entrailles humaines, il a ce que Voltaire exigeait qu'on eut quand on jouait la tragédie.

Il a positivement, le diable au corps. Il en a même deux, le diable de la musique, et le diable de la mimique, et tous les deux, tout puissants ! Mais le jeune sorcier qui a ces deux diables là à son service, et qui les fait obéir comme l'autre sorcier faisait obéir son balai, n'a rien de sorcier dans son apparence. C'est un jeune homme de gracile élégance, de pâleur plus distinguée que sépulcrale, aux traits fins, beaux et purs, mais tout cela flambe et se transfigure, quand il est saisi par ces trois mains de la poésie, de la musique et de la mimique... et l'on ne le reconnaît plus ! Rollinat n'a rien dans le monde de l'air macabre de Paganini, ni de la chevelure de Listz, qui semblait, Samson musical, jouer du piano avec ses cheveux.

C'est lui, le naturel dans l'étrange, si l'on peut dire de l'étrange qu'il soit naturel... et l'on ne se douterait jamais en l'entendant parler des choses de la vie réelle, que c'est là un poète visionnaire !

Car il est visionnaire, et je crois même qu'il l'est comme jamais personne ne le fût ! Certainement ni Baudelaire ni même Edgar Poë n'ont eu au même degré dans leurs poésies l'accent trembleur du visionnaire, qu'a toujours dans les siennes Rollinat, ce hanté de tout et cet épouvanté de tout, devant les visions immatérielles et intangibles qu'il met derrière toutes les choses de la vie ! Ni Baudelaire ni Poë n'ont souffert plus continûment de ce vague mystérieux qui, tout vague qu'il soit oppresse l'âme comme l'objet le plus lourd et le plus physique, et auquel le visionnaire préférerait la vue nette et positive de l'enfer.

Le vague qui est l'angoisse éternelle de Rollinat, l'angoisse de ne pas savoir ce qu'il y a partout, dans les choses et derrière les choses, et d'avoir peur de ce qu'il pourrait y avoir, Rollinat l'a même avec les choses qu'il aime le plus. Il l'a avec la nature qu'il adore ? Il l'a avec la femme qu'il vient de presser sur son cœur ! ce visionnaire, qui n'est pas mystique comme Pascal, que le vague de tout précipita dans ces dogmes incompréhensibles mais du moins précis, est moins religieux que le satanique Baudelaire lui-même et par là, il en diffère encore. Baudelaire au fond de son âme révoltée et païenne, avait quelque chose d'indestructiblement chrétien. Le nom de Dieu invoqué à toute page dans ses poésies l'attestent et ses blasphèmes prouvent la profondeur de sa foi. Rollinat, au contraire, chose prodigieuse, dans ses deux énormes volumes, n'a pas une seule fois écrit les quatre lettres du mot Dieu, même par distraction ! Il a tué Dieu au profit du Diable, mais alors il n'a plus été que le *visionnaire des visions qu'il ne voit pas*. Le Diable est partout. Châtiment terrible ! Dieu s'est *revanché*...

Et c'est ainsi que nous avons eu un poète *moderne* de plus !

DEUXIÈME PARTIE

LES NÉVROSES

Elles parurent et *firent leur effet*, ces *Névroses* que j'avais annoncées bien avant tous les autres qui en ont parlé, bien avant que les spéculateurs connus en matière de publicité, avec leurs trompettes, — qui ne sont pas les trompettes du jugement dernier, — aient vomi le nom de Rollinat de leurs horribles conques, intéressées seules au bruit qu'elles font !

J'avais montré, de loin, *à l'horizon*, le poète qui allait y poindre et qui l'a, d'un trait, subitement envahi, pour y rester, étoile à sa place, malgré les efforts réagissants de l'Envie qui voulait l'en précipiter, et j'attendis longtemps alors avant de parler des *Névroses*. Je tenais à expliquer leur genre de succès. Nerveux aussi, retentissant, violent, orageux, emporté et déchiré à deux courants contraires, ce succès a été ce qu'il devait être. Le poète, sensible comme ces sybarites qu'on appelle des poètes, a pu s'en plaindre et en souffrir, mais ce n'est pas moi ! Il était dans la nature des choses. Il ne pouvait pas être un succès uni comme le plat de la main, facile à enlever comme un ballon dans lequel il n'y a personne, fluant, sans rencontrer d'obstacle, comme une inondation de bêtise satisfaite rappelant, par exemple, le grand succès de feu Ponsard, dont la *Lucrèce* fut d'abord un succès de lecture dans je ne sais plus quel salon et qui devint célèbre du soir au matin, tant cet adorable médiocre de Ponsard était délicieusement en accord parfait avec la médiocrité universelle, qui décide de tout dans un pays où la majorité fait loi. Mais, que diable ! quand on est Maurice Rollinat, on n'est pas Ponsard.

Il s'était trop fié, lui, Rollinat, à la première impression causée par le plus inattendu des talents, et il fallait d'autant moins s'y fier que c'était la bonne. Elle avait été très vive et très profonde. Le coup avait porté à fond, quoique soudain. Mais comme on devait revenir vite contre cette impression première, et comme on aurait peu dû s'en étonner ! Talent à triple face, M. Maurice Rollinat, trois fois poète, l'était deux fois trop dans un pays où c'est même souvent trop que de l'être une fois. Il était poète, comme tous les poètes, mais il était le grand diseur et le grand acteur de ses vers comme il en était le musicien. Il les chantait lui-même sur une musique jumelle, puisée à la même source d'inspiration que sa poésie. Et, par ce genre d'exécution, il rappelait, je viens de le dire, Thomas Moore, l'ami de lord Byron, qui avait enchanté autrefois les salons de Londres avec ses *Mélodies Irlandaises*. Seulement, en Angleterre, pays fortement hiérarchisé où l'orgueil supprime la vanité et où la supériorité n'est pas une insulte, tant l'orgueil doublant leur égoïsme fondamental rend les Anglais contents d'eux-mêmes, cela n'avait pas d'inconvénient et n'offensait personne, tandis qu'en France cela devait, en y pensant bien, blesser tout le monde. En France, la moins pardonnée des impertinences c'est de se permettre de ne pas emboîter le pas avec tous.

Et c'est ce qui est arrivé. La girouette française, sur son pivot fixe, la vanité, *a tourné*, et elle s'est *retournée*. A la réflexion, on a été injuste, après avoir été juste dans la surprise de l'émotion. On a été injuste et ingrat envers un talent qui avait donné un plaisir de la plus étonnante électricité, et on est allé dans l'ingratitude jusqu'à nier au poète sa sincérité. L'émotion qu'il avait causée était indéniable, c'était un fait comme un coup de marteau sur une enclume est un fait, mais on lui chicana la vérité intime du sentiment qui la produisait. Il avait eu son petit quart d'heure de Sarah Bernhardt, mais la pendule retentissante, après avoir si fort retenti, ne sonna plus. Elle s'était arrêtée. Ceux qui avaient applaudi avec le plus d'enthousiasme l'étrange poète à trois voix, ont mieux aimé se déclarer dupes d'un faux artiste que de reconnaître la force réelle d'un talent vrai. Les petits poètes du temps qui lisent leurs vers dans les salons de manière à faire bailler les chaises, les musiciens qui osent s'entendre, et, qui sait ? peut-être aussi les acteurs, dont le talent n'est au fond qu'une singerie, ont déclaré, en leur âme et conscience, que Rollinat et ses *Névroses* — ces *Névroses* (malheureusement !) vraies jusqu'à la maladie — n'étaient pas sincères. Le serpent charmeur des soirées de Paris n'était plus pour eux qu'un clown déhanché qui, la sébile aux pieds, jouait l'épileptique de grand chemin. Ils lui avaient donné. Ils avaient mis dans sa sébile. Maintenant, ils y reprenaient leurs gros sous. Noble spectacle !... J'ai ouï même qu'un grand sincère en littérature, le grand sincère de *Tragaldabas* et de *Profils et Grimaces*, qui doit justement se connaître en grimaces, celui-là ! avait dit, un soir, après avoir entendu cet extraordinaire Rollinat, qu'il était certainement *très puissant*, mais qu'il doutait qu'il fût *sincère*. Comme si ce n'était pas trahir et déshonorer sa propre admiration à soi-même que d'exprimer, après elle, un pareil soupçon ! Comme si on pouvait faire la preuve mathématique de la sincérité d'un homme ! Comme si cette sincérité, fille mystérieuse et invisible de la conscience, pouvait se prouver autrement que par la *puissance de l'accent qu'elle a*, et dont, ce soir-là, précisément, on convenait ! Triste et grotesque histoire, malgré son éclat, et qu'on pouvait deviner avant qu'elle fût écrite ! M. Maurice Rollinat, le nouveau débarqué en trois bateaux dans la poésie contemporaine, qui, dès son début, trouvait un public qui s'offrait presque de lui-même, M. Maurice Rollinat était trop du pays bleu des poètes pour ne pas s'enivrer de son bonheur et ne pas se fier aux sympathies de gens qui ne voulaient se servir de lui que comme d'un plumet pour leurs journaux. Ils lui avaient, pour leur compte, préparé et arrangé des exhibitions qu'il croyait *nécessaires*, puisqu'il était musicien et qu'il faut bien prendre les oreilles dont on a besoin où elles sont... A présent, il en a fini de ces exhibitions dont il a senti le dégoût. Le musicien s'est évaporé dans les airs qu'il chantait avec cette voix chaude et vibrante qui n'a jamais manqué son coup sur les cœurs et qu'aucun musicien ne chantera jamais plus comme il les chantait. Mais son livre des *Névroses* nous reste, son livre, impersonnel et muet, sans déclamation et sans musique, et, à distance de ces deux fascinations, on peut le juger.

***

Peut-on dire qu'il a été jugé déjà ? Après avoir beaucoup parlé de M. Rollinat, on a beaucoup écrit sur lui et sur son livre, mais l'a-t-on vraiment jugé ?... La pile d'articles de journaux dont il a été l'objet est formidable. Il pourrait s'en faire, s'il le voulait, une petite colonne Vendôme, non pas de bronze, mais de papier. Et il n'y a pas que des ennemis là-dedans : il y a des admirateurs tout aussi passionnés que les ennemis ; car le mérite de M. Rollinat, c'est de ne laisser personne tranquille, c'est de tourmenter violemment les imaginations. Ses *Névroses* sont contagieuses ; elles donnent réellement des névroses à ceux qui parlent d'elles ! D'homme qu'il n'ait pas possédé comme le démon possède, d'homme qui reste se possédant lui-même avec ce terrible sorcier et qui se rende compte froidement de ses sorcelleries, à l'heure présente, je n'en connais pas. La critique de ce moment du siècle a procédé avec M. Maurice Rollinat, hélas ! comme elle procède toujours. Elle a dit, à propos des *Névroses,* ses goûts ou ses dégoûts, à elle, ses préférences et ses horreurs, tirant tout de sa propre personnalité, faisant comme les peintres, qui se peignent plus que les gens qu'ils peignent, dans leur peinture. Le plus souvent incapable d'une synthèse quelconque, la critique se contente de déchirer avec les petites épingles de l'analyse un livre quand il est d'ensemble, quand il a la prétention d'être lié en toutes ses parties et d'être parti d'une conception première, connue, par exemple, ces poésies de M. Rollinat, qui, tout détraquées qu'elles paraissent, ont l'honneur de vouloir être une unité. Seulement, qu'importe à la critique, comme au poète, qu'un monsieur quelconque, désarmé de tout principe et de toute sécurité d'affirmation et n'étant que la marionnette de son genre de sensibilité, trouve un poète adorable ou insupportable, selon le fil qu'il a entre les jambes, ce pantin ! La critique est plus haute et plus simple que cela. Il ne s'agit, en définitive, que d'une seule chose pour elle : c'est, après avoir constaté le genre d'inspiration du poète, de déterminer son degré de puissance et sa place dans le hiérarchique Pandémonium des poètes, où il peut le mettre et où il doit rester.

Et toute la question est là, pour la critique. Que cela plaise ou non à votre personne, à vos idées, à vos sentiments, à vos sensations, à votre éducation, à vos préjugés, l'homme que voici, l'inconnu d'hier qui s'appelle Rollinat et qui a écrit les *Névroses,* est-il puissant, oui ou non et quelle est la mesure de sa puissance ?

La mesure de sa puissance ? Je vais vous la dire... C'est l'état de détestation et de fureur où il vous met, vous qui la niez !

*
* *

Les *Névroses* forment un volume de poésies — faut-il dire lyriques ou élégiaques ? — d'une intensité d'accentuation qui les sauve de la monotonie. C'est par l'intensité prodigieuse de l'accent que ce livre échappe au reproche d'uniformité dans la couleur. Il trouve dans sa profondeur de la variété... Ces poésies, qui expriment des états d'âmes effroyablement exceptionnels, ne sont pas le collier vulgairement enfilé de la plupart des recueils de poésies, et elles forment dans l'enchaînement de leurs tableaux comme une construction réfléchie et presque grandiose. Les *Névroses* se divisent en cinq livres : les *Ames*, les *Luxures*, les *Refuges*, les *Spectres* et les *Ténèbres*. Comme on le voit, c'est le côté noir de la vie, réfléchi dans l'âme d'un poète qui l'assombrit encore. Les imbéciles sans âme et à chair de poule facilement horripilée, ont reproché à M. Rollinat, comme un abominable parti pris, le sinistre de ses inspirations. C'était aussi bête que de lui reprocher d'avoir des cheveux noirs... Si Shakespeare, que ces imbéciles admirent par lâcheté de tradition, donnait aujourd'hui son *Hamlet*, le plus beau de ses drames, ils diraient de la scène du cimetière où Hamlet, de ses mains de prince, joue au bilboquet avec des têtes de mort fraîchement déterrées, ce qu'ils disent des peintures horribles et sépulcrales de l'auteur des *Névroses* ; car Hamlet et M. Rollinat font exactement la même chose, et cette chose doit soulever le cœur de ceux qui croient en avoir un bien placé auprès d'un estomac bien tranquille. La seule différence entre eux (avec celle du génie dont il ne peut pas être question ici), c'est que l'Hamlet du théâtre anglais est un sceptique désespéré qui n'a que mépris pour la vie humaine et pour le néant de l'humanité, et que l'Hamlet des *Névroses* n'a pour l'humanité et la vie que l'horreur, mais l'horreur la plus épouvantée !... Le poète des *Névroses* ne méprise pas à la manière d'Hamlet ; on ne méprise pas ce qui fait peur, et il a une peur atroce des mystères inscrutables et toujours menaçants de cette vie incompréhensible et même de la mort. D'ailleurs, dans la succession des génies noirs, on a plus noir maintenant et plus sépulcral que Shakespeare. Nous, les décadents d'une race qui s'éteint dans les amollissements convulsifs et la pourriture de sa propre civilisation, nous avons été trempés dans un bien autre Erèbe que le grand poète anglais. Nous avons, nous, passé par Edgar Poë et Baudelaire, les précurseurs de M. Rollinat et dont il va continuer la tradition. On a dit contre M. Rollinat les choses déjà dites contre Edgar Poë et Baudelaire. Ce n'est même pas là des pauvretés qui aient le mérite d'être nouvelles ! Tous les trois, ils ont obéi à la fatalité du même génie, et ils l'ont noir, comme un autre pourrait l'avoir rose, sans que la volonté, à laquelle les esprits faibles croient, y soit pour rien. C'est là une raison pour que, encore une fois, la critique ne doive jamais poser, quand il s'agit de poètes, que la question de puissance, laquelle implique toujours la question de sincérité.

Il n'y a, en effet, que les faibles qui puissent ne pas être sincères. Tous les petits talents, tous les petits caractères, les petits arts, les petites femmes, peuvent très bien n'être pas sincères et être charmants, de ce charme que la dépravation des hommes adore et qu'on nomme la *félinité*. Mais quand il y a de la force quelque part, fût-elle une erreur du génie, car le génie a ses erreurs, ou une bassesse d'animalité, 'homme de cette force, quelle qu'elle soit, est immanquablement sincère. Nier la sincérité dans l'auteur des *Névroses*, c'était nier ou entamer sa force. C'était acte de félin contre un sincère... Balzac dit que l'envie est un vice qui ne rapporte rien, et il s'est trompé, tout Balzac qu'il est! Dans l'espèce, il a rapporté cela.

*
* *

Eh bien, c'est cette souveraine équation entre la puissance du talent et la sincérité, qu'atteste, dans sa terrible beauté, le livre des *Névroses*, — même avec ses excès, ses défauts et ses indigences; car certainement l en a, et je les connais aussi bien que vous ! Moi qui trouve une individualité à M. Rollinat qui jette à l'ombre les poètes actuels, je veux bien convenir de l'énorme trou que fait dans son livre et dans sa tête l'absence d'idéal religieux, de tous les idéals le plus élevé et le plus beau! Je pourrais encore accorder que la langue poétique des *Névroses*, de cette poésie exaspérée, a trop souvent des bavures et des écumes, dues à l'exaspération de son énergie, et qu'il aurait fallu essuyer. Je pourrais, tout comme un autre, avoir la perfidie des citations, qui n'est pas une bien grande finesse, et, patient lapidaire de l'envie qui fait sa petite méchanceté, composer une petite mosaïque de citations tronquées, pour ridiculiser, en les isolant, un ensemble qu'on n'a pas sous les yeux... Il y a bien plus. Sur les cinq livres de mon poème, si j'avais été M. Rollinat, j'en aurais courageusement supprimé un : le livre des *Luxures*, et je n'en aurais gardé qu'une seule pièce : la *Relique*. Je regrette aussi qu'il n'ait pas écarté un certain nombre de pièces qui n'ajoutent rien à la manifestation de son grand talent et qui détonnent sur l'ensemble du livre, si absolument beau dans les pièces où la nature, qu'il voit d'un œil si personnel, et les souffrances morales ou physiques de l'humanité, l'occupent seules. Voilà, pour mon compte, tout ce que j'aurais pu reprocher et arracher à ce livre des *Névroses*, qui n'en place pas moins son auteur entre Edgar Poë et Baudelaire, mais qui est plus foncé en noir, plus lugubre, plus *démoniaquement* lugubre qu'eux.

C'est, en effet, sa caractéristique. Le démoniaque dans le talent, voilà ce qu'est M. Maurice Rollinat en ses *Névroses*. C'est le démoniaque devant l'inconnu embusqué derrière tout comme une escopette du diable, devenu le seul Dieu, et qui a le tremblement du démoniaque devant le démon. C'est ce tremblement, l'inspiration vraie de M. Rollinat, qui fait sa puissance quand il la communique à ceux qui le lisent entre deux frissons. Je comprends très bien que la lecture de ce poète, hanté perpétuellement par tous les spectres de ce diabolique inconnu qui se tapit dans toutes choses, soit importune aux imaginations qu'elle trouble. Je conçois très bien que toute cette littérature cadavérique, qui n'est pas une ironie, donne au cadavre vivant de tel vieux critique la peur désagréable d'être tout à fait un cadavre demain, et que cela influe légèrement sur son impartialité. Mais l'homme qui secoue de telles peurs est assurément un poète d'une énergie plus grande que celle des autres poètes contemporains, dont, certes ! le mérite n'est pas la force. Lui, il l'a jusqu'à en abuser. C'est évidemment un poète de la famille du Dante, qui a mal tourné en tombant dans le monde moderne. Mais ce n'est pas sa faute ! Du temps de Dante, l'enfer était sous terre, et à présent, il est dessus.

Un dernier mot sur sa sincérité. Ce sincère endiablé, c'est le mot, à qui on a reproché de n'être pas assez sincère, l'a été jusqu'à la maladresse. Il y en a une surtout, parmi les pièces laissées dans ce sombre volume et qui y font tache : la *Belle Fromagère*, qui a produit sur certaines âmes, et c'était ces âmes-là auxquelles le poète des *Névroses* aurait dû tenir le plus, un effet de dégoût si profond et si invincible, que ces âmes poétiques, dignes d'apprécier les beautés et les hardiesses du livre, l'ont fermé pour ne plus jamais le rouvrir. C'est le fanatisme dans un dégoût irrévocable. La *Vache au taureau* a révolté des pudeurs que je trouve, celles-là, par trop rougissantes, car c'est, pour moi, un groupe qui vaut le marbre dans sa plasticité et digne de la main de Michel-Ange ou de Puget, ces forts sincères qui n'avaient pas peur de la force ! Mais M. Rollinat a poussé la sienne jusqu'à la malpropreté du fromage, mêlé à l'amour. Il fallait laisser les fromages à M. Zola. M. Maurice Rollinat ne l'a pas fait. Je le regrette pour la gloire de son livre.

J'aimerais donc cette gloire mieux que lui !

J. Barbey d'Aurevilly.

Maurice Rollinat, son père et G. Sand

Il y a quatre ou cinq ans, par une belle journée de septembre, je me trouvais, avec Arthur B.. , à Fresselines chez Maurice Rollinat. Nous étions assis dans son petit salon et la conversation avait pris un caractère de cordiale effusion et de doux épanchement.

Je rappelais à Maurice Rollinat les liens d'amitié qui avaient uni son père à mon grand-père, M. Daiguson, président du Tribunal de La Châtre.

Mon grand-père était procureur du roi à La Châtre au moment où le procès en séparation de corps de George Sand y fut plaidé. Il prit la parole dans cette affaire et il donna des conclusions qui facilitèrent beaucoup la tâche de Michel (de Bourges) et préparèrent le jugement que le tribunal rendit en faveur de la baronne Dudevant (G. Sand) contre son mari.

C'est à cette époque que mon grand-père entra en relations avec G. Sand, qui lui témoigna beaucoup de bienveillance. Lorsque François Rollinat, l'avocat de Châteauroux et le père du poète, mourut en 1867, G. Sand écrivit à mon grand-père une lettre très touchante dans laquelle elle lui parlait en termes profondément émus de la mort de leur ami commun.

G. Sand avait, en effet, une amitié véritable pour François Rollinat et pour son père.

M. Rollinat, le grand-père du poète, était dit, G. Sand, « un homme de sentiment et d'imagination, fou de poésie, très poète et pas mal fou lui-même, bon comme un ange, enthousiaste, prodigue, gagnant avec ardeur une fortune pour ses douze enfants, mais la mangeant à mesure sans s'en apercevoir... Enthousiaste de toutes les choses d'art, doué d'une prodigieuse mémoire et d'un goût exquis, c'était à coup sûr une des plus heureuses organisations que le Berry ait produites ».

L'aîné de ses enfants fut avocat. Un autre devint missionnaire, un troisième savant, un autre militaire, les autres, garçons et filles, artistes et professeurs.

Une des filles, Marie-Louise a été, pendant un an, gouvernante de la fille de G. Sand.

A vingt-deux ans François Rollinat, qui était reçu avocat, vint exercer à Châteauroux où son père lui céda son cabinet. « Homme d'imagination et de sentiment, lui aussi, dit G. Sand, artiste comme son père, mais philosophe plus sérieux, il a, dès l'âge de vingt-deux ans, absorbé sa vie, sa volonté, ses forces dans l'aride travail de la procédure pour faire honneur à ses engagements et mener à bien l'existence de sa mère et de onze frères et sœurs. »

G. Sand avait pour François Rollinat une affection profonde. Lorsqu'au mois d'octobre 1835 elle eut avec son mari de très graves dissentiments elle consulta plusieurs avocats, mais l'avis auquel elle attachait le plus grand prix était celui de Rollinat. Son ami lui déclara qu'il n'y avait de véritable remède à cette situation qu'une séparation judiciaire.

Mais Rollinat ajouta qu'il voulait connaître l'opinion de Michel (de Bourges). L'éloquent avocat était, à cette époque, en prison à Bourges. Rollinat se rendit dans cette ville avec G. Sand. Grâce à la complaisance d'un gardien de la prison les visiteurs furent reçus à deux heures du matin par Michel qui se prononça, comme Rollinat, pour la séparation judiciaire. Quand le jour commença à poindre le geôlier vint avertir G. Sand que l'heure du départ était arrivée. Alors les visiteurs sortirent de la prison comme ils y étaient entrés, sans être vus par personne.

Ce dévouement que Rollinat témoignait sans cesse à son illustre amie fortifiait tous les jours leur affection profonde et inaltérable.

G. Sand, à son retour de l'île Majorque, écrivait de Marseille, à Rollinat, le 8 mars 1839, une lettre extrêmement longue et affectueuse qu'elle terminait ainsi : « J'attendais des jours meilleurs. Les voici enfin arrivés. Dieu te donne une vie toute de calme et d'espoir ! Cher ami, je ne voudrais pas apprendre que tu as souffert autant que moi durant cette absence. Adieu, je te presse sur mon cœur. Mes amitiés à ceux des tiens qui m'aiment, à ton brave homme de père. »

Et quelques jours après elle lui écrivait à nouveau, le 23 mars 1839, à l'occasion de la mort de son père : « Mon cœur saigne de toutes tes douleurs ; mais celle-là m'est personnelle aussi. Je l'aimais profondément ton digne père et je savais que j'avais en lui un ami au-dessus de tous les préjugés et de toutes les calomnies. Nous le retrouverons dans une vie meilleure. » Ensuite faisant allusion aux difficultés qu'éprouvait à ce moment Rollinat elle ajoute : « Quoiqu'il arrive tu n'auras pas de lâche faiblesse, n'est-ce pas, Pylade; mon cher, mon meilleur ami... tu as eu des forces plus qu'humaines pour lutter. Tu ne voudrais pas m'abandonner, moi qui ai encore tant d'années à souffrir et qui n'ai trouvé jusqu'ici qu'une chose inaltérable, certaine, absolue, ton amitié pour moi et la mienne pour toi ! »

Comme on le voit par ces lettres G. Sand avait pour son ami la plus solide et la plus profonde des affections...

« Croyez-moi, écrivait encore G. Sand en pensant à Rollinat, le cœur est assez large pour loger beaucoup d'affections et plus vous en donnerez de sincères et de dévouées plus vous le sentirez grandir en force et en chaleur. Sa nature est divine et plus vous le sentez affaissé et comme mort sous le poids des déceptions plus l'accablement de la souffrance atteste sa vie immortelle. »

L'amitié de G. Sand et de François Rollinat ne fut altérée par aucun événement. Elle resta jusqu'à la fin ce qu'elle avait été au début, franche, ardente, enthousiaste.

François Rollinat mourut au mois d'août 1867. Le 29 juillet, son illustre amie lui avait adressé de Nohant sa dernière lettre.

Après sa mort elle écrivit à Mme Arnould-Plessis, le 23 août 1867 : « Je suis par terre. J'ai perdu inopinément, brutalement, mon vieux, mon cher Rollinat, mon ange sur la terre. J'en suis malade et brisée. J'aurai le courage qu'il faut avoir.

Je sais bien que, là où il est, il est mieux. Sa vie était écrasante. C'est moi qui suis frappée : c'est dans l'ordre de souffrir ! »

Et elle écrivait à Armand Barbès, à La Haye, le 27 août 1867 : « J'ai été frappée d'une douleur profonde. J'ai perdu mon ami Rollinat, qui était un frère dans ma vie... Plus on avance dans le voyage plus on a besoin de s'appuyer sur les vieux compagnons de route et celui-là était un des plus éprouvés et des plus solides, une âme comme la vôtre. Oui il était digne de vous être comparé. Il avait toutes les vertus aussi. Il est bien où il est à présent, il reçoit sa récompense. »

Ces belles lettres, ces éloges ardents montrent suffisamment combien G. Sand appréciait le noble caractère et la haute valeur morale de François Rollinat.

La plupart de ces souvenirs revenaient à notre esprit dans la conversation si cordiale que j'avais avec Maurice Rollinat. Lorsque je lui parlais de l'affection de G. Sand pour son grand-père et pour son père et que je lui rappelais aussi l'estime et l'amitié de mon grand-père pour ce dernier il me disait avec émotion que je ne pouvais pas faire revivre dans son esprit des souvenirs plus touchants ni plus doux...

« J'ai pour la mémoire de mon père, s'écriait-il, un culte profond. Aucun souvenir ne m'est plus cher que le sien. Il a été mon maître le plus sûr et le meilleur. Je me rappelle les longues promenades que j'ai faites avec lui et pendant lesquelles il me donnait des leçons d'histoire et de philosophie. Il avait un esprit presque toujours froid, observateur et méthodique, parfois ardent et enthousiaste. Son langage était sobre, pénétrant, presque toujours plein de charme et de séduction. Il me parlait avec une grande douceur et sa conversation avait, dans sa simplicité, une grandeur à laquelle son timbre de voix et sa diction, donnaient un vif éclat. Ses leçons et ses conseils sont restés gravés au fond de mon cœur ainsi que son affection et sa bonté... Aujourd'hui j'écris peu. Ce que j'écris, ce que je prépare, ce que je note est le résultat d'une observation longue et soutenue. Les vers que je publie sont l'œuvre de la réflexion et de la méditation. Le caractère observateur que j'ai, je le tiens de mon père. C'est lui qui m'a appris à aimer et à comprendre ce qui est beau et ce qui est grand... C'est de lui que je tiens l'esprit méthodique et réfléchi que je possède aujourd'hui ! »

Nous étions profondément touchés par ces déclarations si pleines d'expansion et de souvenirs attendris. Avec la plus grande modestie Rollinat semblait s'oublier lui-même pour ne parler que de son père. Sa physionomie vivante et enthousiaste, l'éclair qui brillait dans ses yeux, sa parole chaude et éloquente, l'admiration qu'il avait pour le caractère de son père et le mépris qu'il professait pour les consciences faciles et les ambitions malsaines, toutes ces vues élevées, toutes ces paroles ardentes nous avaient profondément saisis et impressionnés.

J'avais depuis longtemps une grande admiration pour le talent de Rollinat. Après la conversation, dont je viens de citer sinon les termes exacts mais le véritable sens et l'esprit, j'ai acquis une profonde estime pour l'homme et un respect attendri pour son caractère. Rien ne pouvait me toucher davantage que cette noblesse de sentiments, que cette évocation des leçons de la jeunesse et cet hommage reconnaissant pour un père, auquel le poète, dans sa modestie et dans sa bonté, attribuait l'origine de son œuvre et la formation de son esprit et de son caractère.

En quittant Rollinat j'étais sous le coup de l'impression que sa conversation avait produite. Je songeais à son enfance, à sa jeunesse, à ses promenades, à la maison que son père possédait aux bords de la Creuse et dans laquelle ils se rendaient tous deux avec une joie si grande. Je pensais aussi aux premiers vers du poète, à son volume *Dans les brandes,* à ses souvenirs de vacances :

Je revois l'humble silhouette
De la maison aux volets verts,
Avec son toit à girouettes
Et ses murs d'espaliers couverts.

Là fuyant code et procédure
Mon pauvre père, chaque été,
Venait prendre un bain de verdure
De poésie et de santé.

Là, plus qu'ailleurs, pour ma tendresse
Son souvenir est palpitant;
Partout sa chère ombre se dresse
Dans ce pays qu'il aimait tant.

J'ai tenu à rappeler les termes dans lesquels Maurice Rollinat parlait de son père. Ils montrent de quels sentiments de gratitude et de bonté le cœur du poète était rempli. Ces quelques lignes font revivre à notre esprit la grande âme et le génie de George Sand, le caractère élevé et généreux de François Rollinat, la sensibilité et l'expansion de Maurice Rollinat... Elles me rappellent aussi à moi personnellement le cher souvenir de mon grand-père... Voilà pourquoi j'ai voulu ne pas laisser dans l'ombre un trait touchant de la physionomie de notre illustre compatriote, un côté noble et grand de son caractère.

ALBERT DECOURTEIX.

Le Blanc, 25 janvier 1904.

MAURICE ROLLINAT

C'est dans un pays aux larges horizons bien faits pour donner la paix du cœur et le calme de l'esprit, c'est dans la Creuse, cette « petite Suisse » où, ni les torrents, ni les précipices, ni les rochers ne peuvent avoir de terreurs pour l'imagination, que Maurice Rollinat devait sentir peser sur sa poitrine le genou de l'Être imaginaire, l'Ennemi acharné des contes d'Edgar Poë, le *Horla* qui tortura les nuits de Maupassant et de Gabriel Vicaire.

Gêné par la lumière éclatante qui jaillit tout à coup sur son nom, le poète des *Névroses* s'enfuit de Paris en pleine gloire pour aller comme un oiseau du soir, sur les granits du sol natal, hérissés de bruyères roses, baigner ses yeux dans la lueur plus douce des crépuscules.

« A deux cents mètres du bourg de Fresselines, m'écrivait-il, ma maison qui est plutôt une chaumière, regarde une jolie petite route et un marais verdâtre fort animé en ce moment par le foisonnement des grenouilles. Elle est située dans un pays des plus pittoresques, ayant terres, prairies, châtaigneraies, vastes bruyères accidentées avec fouillis d'énormes ronces et de hautes fougères, ravineux pacages et montagneuses forêts. Toute la contrée est sillonnée d'eaux de source ruisselant dans des caves d'ombre et de verdure, à même l'amas moussu et lierreux des rocs et des racines d'arbres qui sont pêle-mêle sur leur parcours. Ajoutez à tout ce charme de sauvagerie que je suis à deux pas du confluent des deux Creuses au bord desquelles je vais maintes fois travailler en pêchant la truite et le barbillon. »

Maison de Maurice Rollinat a Fresselines.
Dessin de M. Bernard Naudin.

Mais « la solitude est dangereuse pour les intelligences qui travaillent ». L'imagination souvent confuse et nerveuse de Rollinat peupla bientôt cet aimable séjour de spectres et de revenants et transforma en glas funèbre le son joyeux des cloches du dimanche. Ses oreilles ne voulaient percevoir que des bruits sinistres ; une pierre qui roule au fond d'un ravin, la chute d'une branche morte dans un chemin creux, le hululement de la chouette dans les vieux donjons, représentaient autant de plaintes, de râles, de cris et de supplications qu'en réclamaient son spleen et sa tristesse. Ses yeux ne voulaient voir que silhouettes fantômales sous les clairs de lune, apparitions surgies des ténèbres et qui le glaçaient d'épouvante. Ainsi, de ce coin de nature que George Sand personnifiait dans l'image d'une déesse aux traits humains, le poète des brandes en avait fait « l'Ange de l'Horreur » !

Disons-le ! Rollinat qui abusait des narcotiques, s'entretenait volontiers dans ces sortes d'hallucinations et le macabre, comme d'autres le feraient pour la bravoure et la saine gaîté. La peur l'a nourri de son lait vénéneux. Il était nécessaire qu'il eût une âme effroyablement mélancolique ou terrifiée pour faire fleurir l'étrangeté dans ses poèmes !...

Lorsqu'il rentrait en son logis dont les murs étaient ornés de mille souvenirs glorieux de sa vie parisienne, après quelque cauchemar en plein air, son piano geignait de sanglots farouches et de plaintes lointaines. Dans cette musique fantastique imprécise et poignante qui s'élevait au milieu du silence de la campagne endormie, on entendait le vent tordre sa voix, les torrents gronder, la rafale siffler, strider, les âmes errantes et douloureuses gémir sur les coteaux noirs.....

*
* *

Je le vis l'an passé, portant haut encore, sur son corps fluet cette belle tête pâle, broussailleuse et grisonnante, éclairée de grands yeux creux hallucinés, que le pinceau de Jules Neige a si puissamment rendue. Il m'entretint de ses débuts :

Coquelin Cadet lui avait dit : « Il faut que le grand public vous connaisse. Je m'en charge. » Deux jours après, Sarah Bernhardt l'invitait à passer la soirée chez elle. Il chanta et dit des vers avec cette fougue incroyable, cette voie caverneuse pleine de souplesse et d'inflexions dont sont restés frappés tous ceux qui l'ont entendue. Le lendemain de cet éblouissement, Albert Wolff du *Figaro*, dans une chronique mémorable, vantait son talent en termes claironnants et dithyrambiques. Il n'en fallait pas davantage à l'époque pour lancer un poète ! C'était la célébrité ! A quelque temps de là, dans une réunion d'artistes et de gens de lettres, Théodore de Beauville s'adressant à lui : « Vous nous avez charmé l'autre jour chez Sarah, dit-il, mais écoutez, franchement, entre nous, il est regrettable que ce soit Albert Wolff qui en ait parlé... — Alors, répondit Rollinat, pourquoi ne l'avoir pas fait vous-même ? »

Banville pirouetta sur les talons et partit très mortifié.

Six mois avant cette soirée victorieuse, le poète avait porté son manuscrit des *Névroses* chez l'éditeur Lemerre : « Parfait, dit celui-ci. L'affaire est dans le sac ! Il y aura bien quelques petites machines un peu trop... scabreuses à supprimer ; mais nous trouverons le moyen d'arranger cela ! » Quelle ne fut pas la surprise de Rollinat en recevant quinze jours plus tard son manuscrit accompagné d'un bout de papier graisseux, maculé de taches d'encre sur lequel il lut à peu près ceci : « Malgré le réel mérite de ces poèmes, ne pas éditer. La moitié des pièces suffirait pour traduire l'auteur en cour d'assises !... » — « Je crois bien, fit Rollinat avec un sourire plutôt ironique, que c'était alors Anatole France le lecteur ordinaire de la maison Lemerre ! »

L'article d'Albert Wolff avait à peine paru que Rollinat recevait une lettre du même éditeur qui l'avait évincé, dans laquelle on l'appelait « cher maître » en lui réclamant son manuscrit.

Charpentier lui, l'avait accepté ; mais tandis que tout Paris s'entretenait des éclatants succès du poète, le livre des *Névroses* avait encore cinq mois à attendre avant de paraître. Le vieux Marpon disait : « Jamais je n'ai entendu demander un volume avec autant d'insistance et par un aussi grand nombre de personnes. S'il avait paru de suite, nous en aurions vendu plusieurs milliers (1). »

« J'ai toujours rencontré la jalousie sur mon chemin, soupirait Rollinat avec amertune. Les Mendès, les Theuriet, les Coppée, tous ceux qui ont mission de présenter les jeunes au public gardèrent à mon endroit le plus méprisant silence. Armand Silvestre seul daigna m'adresser un de ses livres ! »

Mais une grande joie devait lui faire oublier bientôt toutes les vilenies, les compétitions mesquines inhérentes au métier des Lettres. Barbey d'Aurevilly le considérait, d'après le portrait qu'on avait fait de lui, comme un être abject et de mœurs inavouables. Il disait : « Jamais Rollinat ne mettra les pieds chez moi. » Un jour, un de ses amis lui lut un sonnet. La lecture achevée : « C'est superbe ! s'écria Barbey d'Aurevilly. Il faudra m'amener celui qui l'a fait. — Je m'en garderai bien ! dit l'autre. — Serait-ce de Rollinat ? — Justement ! Vous me le présenterez demain. »

« J'arrivai, dit Rollinat. Dès l'entrée, le maître planta dans les miens, ses regards perçants comme des vrilles, puis me tendit la main et me pria de m'asseoir. Il s'approcha tout près de moi, me fixa de nouveau, clignota ses yeux de myope, me serra la main une seconde fois et m'assura qu'on l'avait trompé sur mon compte : « Je vois, ajouta-t-il que nous nous comprendrons ! » C'est alors qu'il fit paraître dans le *Constitutionnel* cet admirable article que je conserve comme un de mes plus chers souvenirs...

» Je le vois encore, ce Barbey d'Aurevilly, avec sa coiffure du Dante et sa grande lévite blanche. Il était entouré de femmes toutes plus jolies les unes que les autres ; il leur contait des histoires, debout au milieu d'elles, poussant la coquetterie, malgré ses soixante-quatorze ans jusqu'à les obliger de s'asseoir avant lui !... »

(1) Ceci donne un démenti formel aux journaux qui racontèrent que le livre des *Névroses* parut la veille de cette soirée. Entre autres un article de l'*Echo de Paris*, signé Paul Acker.

Puis, mâchonnant l'éternelle cigarette éteinte qu'il promenait toujours d'un coin à l'autre de ses lèvres, sans plus de transitions, Maurice Rollinat me récita des quatrains de Jules Vallès sur la colonne Vendôme qu'il interrompit d'ailleurs pour imiter le cri lugubre des marchands d'habits !

HUGUES LAPAIRE.

Souvenirs de Fresselines [1]

Un matin le facteur frappa discrètement à ma porte, dans le double but de se faire ouvrir d'abord, puis de me remettre ensuite une missive recommandée. J'ouvris donc à ce digne fonctionnaire, signai le minuscule registre, et m'emparai de la lettre.

L'écriture m'en était inconnue, j'ouvris curieusement.

En voici la teneur.

Fresselines, Creuse le 4 août 98.

« Cher Monsieur,

» Le travail en question consiste à écrire telles que je les ai composées de la façon la plus intégrale, mes mélodies, airs et accompagnements.

» Le rôle du musicien, dans la circontance se borne donc à suivre aussi lentement qu'il le voudra les chants et accords que font mes doigts au piano, et à les noter, au fur et à mesure, dans leur stricte identité, avec leurs défectuosités, fautes, solécismes et barbarismes contre les règles de l'harmonie proprement dite.

» En un mot, vous auriez à continuer le travail commencé déjà depuis bien des années, avec tant de délicatesse et de probité artistique, par monsieur Frédéric Lapuchin, premier prix du Conservatoire, élève de Bazin, qui sut, par son écriture purement copiante et passive, conserver à ma musique tout son caractère fruste, volontaire et instinctif.

(1) Notre ami M. Albert Chantrier, organiste de talent et compositeur d'une rare valeur, fut longtemps le metteur au point de la musique de Rollinat. C'est à lui que nous devons le *Prélude inédit* que nous donnons en hors texte et qu'il a transcrit au cours d'un de ses séjours chez Rollinat. M. Chantrier est élève de Paul Vidal et de l'école Niedermeyer. M. D.

» Hélas! ce pauvre ami est mort et jusqu'à présent, j'ai cherché vainement quelqu'un pour le remplacer dans cette besogne scrupuleuse et impersonnelle. Si vous le pouvez, faites-vous suppléer un dimanche et, à partir du 20 août, venez un mois à la maison où notre travail sera entremêlé de bonnes causeries, de pêches et de contemplations naturistes. En tout cas, si vous ne pouvez disposer que de quinze jours, partez le dimanche 20 août, gare d'Orléans, par le train de nuit de onze heures quinze!

» Vous demanderez votre billet directement pour Dun-le-Palleteau.

» Vous passerez à Orléans-Vierzon-Châteauroux-Argenton, et vous descendrez, peu après, à la station de Saint-Sébastien. Là vous aurez une heure d'attente, le temps de vous restaurer au buffet, et vous prendrez le train de Guéret qui vous déposera à Dun-le-Palleteau, vers 8 heures 52 du matin. A la gare sera une voiture qui vous amènera en trois quarts d'heure à Fresselines.

» Donc au lundi 21 août, sans faute! et en attendant, cordiale poignée de main de votre bien reconnaissant,

» MAURICE ROLLINAT. »

Si mon étonnement fut grand, ma joie fut plus grande encore, je me souvenais parfaitement.

Un camarade m'avait demandé si je pouvais disposer de quelques semaines, afin de transcrire plusieurs mélodies à Rollinat: J'avais répondu évasivement, l'informant du temps que j'avais de libre, en le priant de me renseigner exactement sur le travail à exécuter. Et, depuis plus de nouvelle.

. . . .

Voilà comment j'ai connu Maurice Rollinat.

LA POUGE

Donc je préparai méticuleusement crayons et gommes, engouffrai dans le bâillement béat de mon sac de voyage les objets nécessaires à mon séjour et je télégraphiai au maître.

Croquis de F. Maillaud.

Rollinat et Bazennerie (menuisier de Rollinat). Rollinat dispose ses lignes avec attention et fièvre, Bazennerie attend le moment de se mettre à l'eau s'il y a lieu (Puyguillon, octobre-98).

. . . .

Dun-le-Palleteau. Enfin... !

Une voiture, l'air vaguement calèche exécuta devant la gare une courbe des plus adroites et vint s'arrêter devant moi.

« C'est y vous qu'allez chez m'sieu Rollinat ? me crie le conducteur.

— Oui !

— Et ben montez. »

Nous roulons, roulons, traversons de tout petits hameaux, descendons, montons.

« C'est bientôt chez m'ssieu Maurice, » me dit mon conducteur.

En effet, nous apercevons la petite maison au toit rouge petit refuge bien simple, bien humble, perdu dans ce coin lointain et trop ignoré de la Creuse. Au bruit la porte s'ouvre, Rollinat vient à grands pas au-devant de nous sur la route en me tendant sa large main si franchement cordiale.

Ce n'est plus le Rollinat du portrait qui figure dans *Les Névroses*, non, sa moustache est maintenant grisonnante, la figure plus émaciée.

Nous entrons dans le castel, sa compagne souriante, me souhaite la bienvenue.

Ils me conduisent tous les deux dans la chambre que je dois occuper pendant mon séjour, chambre paysanne, solivée au plafond, tendue de rouge, tout ce qu'on peut désirer s'y trouve, la main de Madame Cécile avait passé. Elle donne sur le pré, derrière la maison, et communique avec le cabinet de travail-salon.

Pendant que je déballai mes bibelots, nous causâmes.

Quelle sympathie immédiate dégageait cet apôtre de la solitude et de la terreur. En un quart d'heure nous étions une paire d'amis. Je le questionnai sur ses travaux, sur sa chère passion. La musique.

Je le priai de me chanter quelque chose.

Ses doigts plaquèrent d'indécises harmonies, puis quittant sa cigarette et la posant soigneusement à l'extrémité du clavier il ajouta : « Je vais vous chanter : *Harmonie du soir,* une poésie de Baudelaire que j'ai musiqué. »

Je m'intallai bien en face de lui dans le fauteuil qui était près du piano, et il commença :

Voici venir les temps, où vibrant sur sa tige.

Je restais étonné, ému, rêveur, la mélodie large en était fort belle, cette voix brisée, qui semblait vouloir surmonter un sanglot, ou farouche et rugueuse mordant comme un acide, m'avait totalement emballé.

Il m'en chanta, une, deux, trois, j'écoutais sans oser l'interrompre, anxieusement attiré par ce charme spécial, nouveau ; mais on vint heurter l'huis, c'était l'heure du repas.

Il y avait quatre convives qui attendaient le poète (car dans la solitude Rollinat avait toujours une demi-douzaine d'invités d'un bout de l'année à l'autre).

Après les présentations pas cérémonieuses (à la bonne heure) on se mit à table.

Notre hôte en occupait le bout, tournant le dos à la haute cheminée, aux lourds chenêts de fer.

Quelle gaieté, fallait le voir saupoudrant le repas d'anecdotes, de faits, d'histoires outrageusement exagérées, puis, lorsque son verbe si imagé, et son geste n'étaient plus (à son idée) suffisamment descriptifs, il se levait de table et mimait en racontant son histoire.

Que de fous rires il savait déchaîner !

Son cerveau était meublé de souvenirs, sa mémoire était merveilleusement exercée, il sautait de Victor Hugo à Pierre Dupont du *Contrat social* aux *Méditations* de Lamartine, de Baudelaire à Verlaine, toujours avec des citations, des sonnets, des alinéas entiers.

Au début du repas, une brave et digne servante qui répondait au nom facile de : Madame Tonnau, apportait le plat de résistance, puis respectueusement reculée d'un pas, attendait si le maître dans le flux de son habituelle loquacité oubliait de lui dire : « C'est très bon Mame Tonnau ! »

La brave vieille s'enfuyait en sanglotant dans sa cuisine,

s'accusant d'avoir *raté* le déjeuner de M'ssieu Maurice; c'était tout une histoire pour arrêter son épanchement lacrymal.

Après le déjeuner on se mettait à l'ouvrage.

Il n'avait pas une seule ligne écrite, il confiait à sa prodigieuse mémoire le soin d'emmagasiner ses mélodies.

Après avoir roulé et allumé une cigarette, il s'installait, son poème devant les yeux sur le pupitre du piano. Il préludait, frappait différents accords, s'impatientait, couvrait l'humanité des plus fâcheux anathèmes, puis s'arrêtait et recommençait.

Alors, quand il avait ressaisi le fil rebelle et fugitif de son élucubration, tout près de lui, je suivais ses doigts, copiant en quelque sorte ce qu'ils exécutaient.

Il me fallait débrouiller le rythme, restreindre les tessitures, car il écrivait pour des voix d'une étendue peu commune, le travail était lent et pénible, nous recommençions fréquemment cinq et six fois la même mesure.

Nous discutions avec acharnement pour un redoublement de basse, ou pour rajouter une note à un accord afin de lui supprimer une fâcheuse claudication.

C'était avec une extrême inertie qu'il accueillait mes idées de purisme.

Il ne comprenait pas, s'entêtait à ne pas admettre les principes les plus élémentaires de l'écriture musicale. « Je rêve, me disait-il de sons littéraires, je tâche d'inoculer à mes harmonies de contrebande tout le sens des mots, tout le retors de la pensée. » Ce qu'il ne disait pas c'est qu'il avait l'orgueil de ses fautes, il les avait jadis fait acclamer par des foules nombreuses, ses admirateurs actuels n'y voyaient nulle entrave à leur enthousiasme. Je tombais bien mal.

A côté de cela, il avait des trouvailles charmantes, des successions d'un modernisme outrancier.

L'homme qui faisait cela, aurait fait des choses étonnantes s'il s'était adonné à la syntaxe musicale.

Il ignorait totalement la composition d'un accord, il superposait des notes et de cet échafaudage s'exhalait une impression étrange, charmante, ou franchement baroque.

« La Mariée », « l'Amazone », tout à fait remarquable

d'étrangeté, « le Cœur mort » inexécutable, et tant et tant d'autres, la Cloche, Madrigal, Aboiement des chiens, les Hiboux, Tristesse de la lune, Etoiles bleues, le Cabriolet, etc., etc.

Rollinat composait en cheminant, ou en pêchant, rentré chez lui il cherchait au piano à souder un accompagnement à sa mélodie, mettant à ce travail la même nervosité et la même conviction qu'il mettait à l'interpréter.

Tel petit groupe de croches, ce petit triolet, cette note grave avec un point d'orgue, ce trémolo, sont dans la musique de Rollinat choses significatives. Les ritournelles sont des petits poèmes d'observations, ils dépeignent avec une très scrupuleuse fidélité des visions naturistes. Par exemple dans « l'Amazone » la ritournelle décrit scrupuleusement le galop du cheval, d'une manière et avec un procédé très personnel. Plus loin, arrivé au vers « Le soleil met un ton pourpré », un petit groupe de notes significatif nous montre le cheval hennissant tout en galopant, plus loin il a un emportement qui lui fait faire un écart, après le vers : « Elle chevauche au fond du pré. » Ceci n'est pas une inutile invention de l'auteur de ces lignes, entre beaucoup d'autres j'ai noté cette chanson lors de mon premier séjour à Fresselines et ce sont les descriptions exactes, que Rollinat me dictait pour mieux m'imprégner du sens de ses musiques. S'il me fallait décrire tout les sons musicaux entendus, j'aurais une longue besogne.

Donc une fois la transcription finie, je la lui jouais, puis derrière moi, il la rejouait, et si tout était bien à son gré c'était fini.

Ah ! qu'il était content ! Chaque chanson terminée avec quelle joie il contemplait le manuscrit, me faisant mille recommandations, de ne pas l'égarer de lui recopier bien net, etc., etc.

Après le travail nous descendions aux bords de la Creuse escortés par l'exubérance bruyante de ses trois chiens.

Paf le doux renfrogné.

Topsey le matamore et Puck le coureur follet ainsi qu'il les dénommait.

Tout en flânochant le long des tentes, il me récitait des vers dans ce décor tout emmélancolisé par l'approche du couchant. Et lorsque le jour s'éloignait de la terre à petits pas silencieux, rendant diffuses les crêtes lointaines et plus odorant le chemin, nous revenions par la route la plus longue.

Que d'histoires sont disparues avec lui.

Le grand Nuret, de Châteauroux, Cabaner, le pianiste Cibié, etc.

Les bonnes promenades que nous avons faites ensemble et nos parties de pèche à : Chante Milan, les Roches [qu'il appelait Sarah Bernhardt à cause d'une vague ressemblance avec un profil de rocher], ses eaux tremblantes, Puy-Guillon. Et, le paysan qui l'accostait sur le chemin : « M'ssieu Maurice j'ai la fieuve *(sic)* j'suis pas bien, Madame Cécile est là ?

— Oui répondait-il. Cours, elle va te guérir. »

Car Madame Cécile était le médecin de bien des pauvres bougres, faisant elle-même les pansements, donnant les médicaments et les drogues.

C'était l'âme bienfaisante de Fresselines, toujours souriante et vive avec ses petits sabots vernis.

Et nos parties de pêche, les lignes de fond, qu'il plantait çà et là le long de la rive, avec un soin et une recherche sans égal.

Puis en attendant, il arpentait le terrain, scandant des alexandrins par de grands gestes, façon de travailler qu'il affectionnait tout particulièrement et qui faisait dire aux habitants : « V'la M'ssieu Maurice qui plaide *(sic)*. » Avec le bout de ma longue ligne, lorsqu'il tournait le dos, je secouais violemment le grelot le plus proche, et me remettais hypocritement dans l'attitude du contemplatif pêcheur de goujons.

Alors Rollinat arrivait en courant, remontait le moulinet, et, s'apercevait facilement au bout de quelques mètres qu'il n'y avait rien au bout.

Anathèmes et malédictions tombaient drues sur la gent Murénidéenne.

D'autres fois vautrés tous les deux dans l'herbe, nous causions de Paris, des Hydropathes, du Chat Noir, des camarades

Bonnaud, Montoya, Numa Blès, Ferny, des boulevards parisiens.

Alors, mu comme par un ressort, il se dressait et me désignant la petite Creuse qui roulait paisiblement ses minuscules et chantantes petites vagues il s'écriait :

« Est-ce que ce bruit-là ne vaut pas celui du boulevard des Italiens, » et ma foi, j'étais forcé d'en convenir.

Lorsque nous avions travaillé trop tard, nous sortions après dîner.

Les crapauds sautaient lourdement sur la route sombre, et les grillons dans l'herbe mêlaient leur strident petit ricanement à la note mélodieusement douloureuse du crapaud.

Ces nuits étaient propices à la verve du poète musicien.

En traversant le bourg silencieux de Fresselines, où des chiens dont nos pas dérangeaient le repos, se répondaient de loin en loin... d'échos en échos. (Rollinat appelait ça le téléphone canin) : tout cela devenait le cadre d'apparitions fantômatiques.

Les angles des murs se mouvaient, la mare semblait chuchoter dans l'ombre, le vieil arbre recroquevillé devenait un squelette levant des bras menaçants, l'ombre de la charrette laissée devant la maison cachait aussi quelque chose, tout était pour lui d'anormales apparitions.

Il avait pour ces petites promenades nocturnes un choix de poésies adéquates à la circonstance, et je l'avoue lorsque nous rentrions, je n'en étais pas du tout fâché, j'avais la tête bourrée de vers sonores, et chaque encoignure me découvrait une figure grimaçante de gnome.

Un soir près de l'Église de Fresselines, il me déclama comme lui seul savait le faire, une pièce de vers intitulée : *Les treizes rêves* que je ne saurais trop recommander aux personnes impressionnables.

Maintenant tout cela est fini.

Que va devenir la maison de Rollinat que tout le pays appelait : La Pouge, et le petit salon peuplé de tant de choses, où la grande âme du poète évolua autour de ses objets coutumiers.

rentrer le soir Chantemilan - en marchant

F. Maillaud

Rollinat revenant de la pêche à Chantemilan marche rapidement à la nuit tombante, par devant court son chien favori Puck. Ce croquis a été exécuté en marchant par M. F. Maillaud.

Les jolies toiles de Léon Detroy, les vieilles gravures de Durer, l'admirable masque de Beethoven, les trois portraits : Lamennais, Edgard Poë, Baudelaire, qui se trouvaient juste au-dessus de la porte de la chambre que j'occupais.

Tout cela n'est plus qu'un lointain souvenir.

Le canapé où le cher disparu s'étendait après chaque repas contemplant, causant dans la bonne sauvagerie flânante et lézardeuse.

Son inséparable crayon migraine, qu'il se passait constamment sur le front.

Ses innombrables manuscrits, car ces derniers temps, il s'était mis à noter à sa façon ses pensées musicales. Ce qui rendait le travail moins pénible et ne lui faisait pas redouter une faute de mémoire.

Rollinat fut un grand poète, un musicien instinctif curieux, l'homme le plus cordial et le plus sauvage de son époque.

Il sera pour moi le plus cher souvenir de ma vie et, ces lignes furent pour moi un pèlerinage aux douloureux regrets.

Paris, décembre 1903.

ALBERT CHANTRIER.

Maurice Rollinat au Pierrot Noir.

Avant de conter ce que fut la visite de Maurice Rollinat au Pierrot Noir, il importe de tracer pour le lecteur non initié, une rapide esquisse de ce que fut ce groupe littéraire et artistique, que les nécessités de la vogue poussèrent à dénommer cabaret artistique.

En 1896, après un séjour prolongé à Paris, nous revenions à Châteauroux tout imprégné d'idées d'art et de littérature transcendants, parmi lesquelles la dominante était celle-ci : créer dans notre ville de province berrichonne, monotone et lente à s'émouvoir, un centre de décentralisation qui fut à la fois une réunion de jeunes épris d'art et une manifestation de la supériorité du délassement intellectuel sur l'oisiveté indolente, apanage de la jeunesse des villes sans distractions.

Soumettre ces idées à des jeunes et des entreprenants tels que nos amis Edmond Badel, Guillaume Cochard, Raymond Naudin et vingt autres qu'il serait trop long d'énumérer, ce fut les faire approuver et adopter par eux. Rapidement un petit groupement se forma et de ce groupement naquit le Pierrot Noir qui fonda ses assises au premier étage du Café Solignac.

Ce fut pendant cinq années, la tentative de décentralisation la plus hardie que le Berry ait jamais vu naître et se développer. Jamais et surtout dans les débuts, une société ne vit dans son sein plus d'amitié, plus de cordialité que n'en échangeaient sincèrement les membres de ce petit cénacle qui a laissé dans l'esprit de ceux qui ont vécu quelques-unes de ses soirées un souvenir plein de charme et de regret.

Le cabaret du Pierrot Noir obtint un énorme et légitime

succès. Nous n'en dirons pas plus, nous réservant le soin de publier plus tard une relation plus approfondie.

Là se réunissaient pour dire leurs vers ou chanter leurs œuvres des poètes, des chansonniers, des musiciens, et des peintres qui sur la toile du théâtre d'ombres faisaient défiler de très artistiques féeries et paraboles. De ce groupement sont partis pour de plus hautes lices des poètes comme Gabriel Nigond, et le regretté Georges Dagot mort, hélas sans avoir eu le temps de mettre au grand jour une œuvre qui s'annonçait comme une des plus belles de la poésie moderne.

*
* *

Au début, nous avions voulu mettre notre cénacle sous la présidence d'honneur de Rollinat, mais certaines considérations relatives au désir du poète de ne patronner qui que ce fut et quoi que ce soit nous empêchèrent de mettre notre projet à résolution. Nous nous contentâmes donc d'accrocher à la place d'honneur au-dessus du piano, son portrait d'après Béthune que nous dessina M. Bourda, et s'il ne fut pas fictivement notre président, son image présida toujours à nos intimes et intéressantes réunions.

Nous avions tous pour lui un culte profond, qui se trahissait de mille façons, dans nos conversations ou dans le choix de nos programmes. C'était une admiration sincère et émue pour le vibrant musicien et le sensitif poète dont les chansons de nature nous faisaient passer par toutes les émotions et par toutes les transes, en même temps qu'elles nous plongeaient dans un ravissement de toute l'âme et que leur simple thème nous faisait revivre, recueillis et charmés dans l'atmosphère grandiose et pittoresque des champs, des ravins et des horizons infinis.

Et lorsque Dinant chantait *la Chanson d'automne, la Mort des fougères, le Convoi funèbre,* ou *l'Aboiement des chiens dans la nuit,* il bénéficiait d'un recueillement profond, d'un silence attentif et d'un enthousiasme chaleureux que peu d'autres poètes ou interprètes pouvaient revendiquer.

Longtemps nous avions désiré le voir et l'entendre et chaque fois que nous parlions de lui, nos yeux se reportaient vers son image. Aussitôt l'un de nous se levait, cherchait parmi les nombreuses partitions dont le piano était recouvert, quelques cahiers à couverture bleue.

Un des pianistes présents, soit Michel, soit Jallet, Georges Péron ou Salzédo, se mettait à plaquer quelques accords et dans la petite salle aux murs tapissés de tableaux, de dessins et de souvenirs hétéroclites, une mélodie descriptive ou passionnée s'élevait, détaillée avec justesse et sentiment par la voix chaude et bien timbrée de Dinant qui s'était fait l'interprète fidèle de Rollinat, dont du reste il était l'ami.

Une fois nous crûmes que le solitaire s'arracherait à ses brandes et à sa Creuse pour venir revivre à Châteauroux au milieu de ses anciens amis du Chat Noir quelques instants de sa gloire passée. Salis l'avait convié à une représentation qu'il donnait au théâtre de Châteauroux. Tous comptaient sur lui ; il ne vint pas.

Des amis lui parlaient de notre tentative, de nos efforts, de nos succès, et l'encourageaient à nous rendre visite lors de ses séjours à Châteauroux, longtemps nous l'attendîmes, parfois mis en émoi par l'annonce de sa venue, mais il vint souvent en notre ville sans aller jusqu'à nous. Pourtant il s'intéressait à notre cabaret et plusieurs fois il demanda par l'intermédiaire d'un ami à consulter des œuvres de nos poètes et de nos chansonniers.

Nous espérions toujours que l'aide de nos amis aidant, il viendrait quelque jour à l'improviste nous surprendre de sa visite. Ce fut ce qu'il advint.

*
* *

Un après-midi de novembre 1899, Sylvain, alors directeur, nous fit prévenir que, le soir même, à l'apéritif, Maurice Rollinat viendrait au Pierrot. Le bruit s'en répandit rapidement parmi les sociétaires de notre cénacle et à quatre heures nous étions réunis une trentaine dans la petite salle du théâtre d'om-

LA PLUIE DANS UN RAVIN, tableau de F. Maillaud.

Tout le ciel pleure dans les trous.
Là-bas quelqu'un en manteau roux
Traîne un cheval blanc par la bride,
Un angélus funèbre et doux
Y jette sa plainte languide, etc.
(Maurice Rollinat, *Les Apparitions*).

bres. Nous sûmes alors que Rollinat avait désiré lui-même faire connaissance avec nous tout en réservant que seuls les intimes du cabaret assisteraient à sa visite.

Nous attendîmes quelque demi-heure en devisant de choses et d'autres, un peu émus peut-être et anxieux de voir apparaître celui que nous espérions depuis si longtemps.

Il vint accompagné de son ami M. René Paul et de son cousin M. Bridoux, lesquels étaient auprès de lui nos plus fervents avocats.

Sylvain lui adressa en notre nom quelques paroles de bienvenue regrettant que sa brusque décision nous empêchât de lui montrer un ensemble plus complet du Pierrot Noir et de ses artistes.

Nous fûmes tout de suite en pleine intimité et en pays de connaissance, car Rollinat retrouvait quelques amis parmi nous.

Tout près du piano se pressaient Sylvain, Larty, Ed. Badel, Dinant, etc., la phalange la plus fidèle du Pierrot Noir. Le premier regard de Rollinat fut pour son image à laquelle il sourit et qu'il plaisanta. Il admira fort la farandole de Pierrots que Bernard Naudin avait peinte sur le théâtre d'ombres, qu'il qualifia de « famille de démons en goguette » et eut un mot aimable pour le panorama de Châteauroux enclairde-luné que le pinceau d'Edmond Badel avait fidèlement tracé sur la toile de fond du tréâtricule.

Quelques instants il s'intéressa aux peintures et aux dessins faisant des remarques d'une bienveillante justesse. Il était très gai et nous étions presque surpris de ne pas voir le Rollinat taciturne, hanté de spectres et de fantômes, le Rollinat de la légende.

Il s'assit au milieu de nous et se mit à nous conter des histoires gaies voire même rabelaisiennes, aiguillonné par Dinant qui lui rappelait certains souvenirs de Fresselines. Il parlait avec verve, bonhomie, dans un art parfait de causerie, avec une puissance d'images et de mots où se révélait l'observation juste et le trait piquant d'ironie.

Ce furent d'abord des souvenirs du Quartier Latin, du Caveau et du Chat Noir qu'il nous dit avec le plaisir que fait naître l'évocation des souvenirs de jeunesse.

Puis il nous conta quelques traits des habitants de Fresselines et du brave homme de curé, son ami. Entre autres cette humoristique histoire très vécue que notre souvenir a peine à retracer dans sa stricte autorité.

« J'avais été prié par le brave abbé Daure d'aller chanter » quelques noëls à une messe de minuit. Accompagné de mes » amis D... et R... j'avais parcouru à la hâte, éclairé par la » lueur falote d'une lanterne d'écurie, le chemin peuplé de » silhouettes fantômales qui sépare la Pouge de l'église de » Fresselines et qui sous les lueurs lunaires a des aspects » étranges et funèbrement mystérieux.

» Nous étions installés bientôt dans le chœur de la rustique » église, autour de l'harmonium, attendant le moment propice » pour chanter. Notre brave curé disait sa messe devant la » grande majorité de ses paroissiens qu'attendaient dans leurs » maisons les succulents dérivés de l'animal cher à Monselet. » Tous écoutaient ou priaient avec ferveur, et lorsque je com- » mençai à chanter, ils se recueillirent avec un tel silence que » mon ami le curé en fut ému. Je venais à peine de terminer » le couplet d'un noël, lorsqu'une voix qui trahissait l'impa- » tience du festin s'écria dans l'entre-bâillement de la porte : « Pierre vins donc l'bodin est cuit! » Il faut croire que cet » appel n'émut pas Pierre, car personne ne bougea et c'est » dans le même profond silence que j'achevai de chanter. » Lorsque l'office fut terminé l'abbé Daure monta en chaire » et parla en ces termes stricts à ses paroissiens : « Mes chers » paroissiens, je suis heureux de vous voir réunis en si grand » nombre en cette nuit solennelle et je vous remercie de tout » mon cœur de votre piété et de votre présence. Mais je vous » remercierai doublement, d'abord pour avoir écouté les chants » de M. Maurice dans le plus grand silence, et ensuite parce » que vous n'y avez rien compris! »

Et ce que Rollinat n'ajoutait pas c'est qu'en sortant de l'église avec l'abbé et ses amis, il dit en riant à ceux-ci : « L'avez-vous entendu Bossuet en sabots! » Et l'abbé Daure qui était un brave homme et un brave prêtre éclata lui-même d'un franc rire.

Les histoires se succédaient et Rollinat nous les contait avec verve, animé d'une gaieté sincère et communicative. Il se retrouvait dans sa plénitude de bien-être spirituel, nullement contraint et gêné par le conventionnel qui était inconnu de nos réunions. D'ailleurs, il nous le déclara, il retrouvait chez nous l'atmosphère pleine de cordialité et d'insouciance qu'il aimait tant en sa jeunesse et que les années de solitude n'avaient pas exclue de son caractère.

Au bout d'une heure de cette conversation animée et intéressante, émaillée d'éclats de rire et de spirituelles réparties, Rollinat se dirigea vers le piano ouvert et s'assit dans une pose peu classique, une jambe repliée sous les parties les plus charnues de son individu.

Il frappa quelques accords vibrants qui firent osciller l'instrument sur sa base et se tournant vers nous, demanda à entendre les artistes du Pierrot Noir.

Ce fut Sylvain qui ouvrit le feu avec « le Bûcheron » accompagné par Rollinat qui mettait une fougue et un tempérament extraordinaires dans cet accompagnement.

Puis Dinant chanta « la mort des Fougères » et « Chanson d'Automne ». Enfin Larty dit quelques-unes de ses chansons satiriques qui eurent le don de plaire fort à Rollinat, par leur naturisme primesautier, leur verve rabelaisienne et leur mordant esprit caustique détaillé en des expressions à l'emporte-pièce. Rollinat en fit compliment à l'auteur, puis sans qu'il y fut invité, de cette voix indescriptible tant elle était diverse et déconcertante, avec son tempérament puissant de diction et d'expression, il chanta ces tendresses qui sont la « Chanson des yeux » les « Blanchisseuses du Paradis » et cette peinture âpre et lugubre des « Corbeaux ».

Nous étions tous très émus et notre recueillement était si profond, notre ravissement si grand et inattendu que lorsque ses chansons furent dites, il fallut la gaîté de Rollinat lui-même pour nous arracher à notre vivante rêverie. Après avoir dit la « Belle Fromagère » et les « Frissons », il demanda une pièce de notre répertoire d'ombres. Bien que nous fussions surpris par cette demande inopinée et imprévue, en cinq minutes: nous organisions « Clairs de Lune » de Georges Fragerolle, le théâtre était prêt à entrer en action et la nuit complète faite dans la salle.

Alors se succédèrent les superbes tableaux de la fantasmagorique épopée de la nuit et de la lune en leurs différents aspects, évoqués par Sylvain dont la voix découvrit des accents inédits.

Rollinat se montra stupéfait de la simplicité de nos moyens de reproduction et de notre matériel si restreint. Il s'émerveilla des beaux effets obtenus par de simples aquarelles et de minces cartons découpés, lui qui avait vu les mêmes effets, obtenus au Chat Noir par un matériel considérable et coûteux, manœuvré par un personnel nombreux et mis en action au moyen d'appareils compliqués et difficiles.

Dès lors, il émit le projet de faire une pièce naturiste dont il composerait le livret et la partition et qu'il ferait représenter sur notre minuscule théâtre. Il s'enivrait en développant cette idée, traçant les grandes lignes, prévoyant déjà les effets de détail et promettant de venir lui-même chanter la première.

Il causait tant qu'il fallut que ses amis lui fissent remarquer que l'heure du dîner était arrivée et il s'étonna d'avoir passé près de trois heures parmi nous sans avoir un seul instant eu notion du temps.

En notre nom Sylvain lui offrit la photographie de notre salle, qu'il accepta avec grand plaisir, nous assurant qu'il n'oublierait pas les bons instants qu'il venait de vivre et qu'il penserait souvent à nous et à notre intéressante réunion. « D'ailleurs, nous dit-il en partant, à bientôt notre pièce d'ombres ! » (Hélas ! d'autres préoccupations assiégèrent Rollinat et cette pièce d'ombres ne fut pas faite.)

Il nous quitta, non sans avoir encore protesté de son vif contentement et nous restâmes tous là, comme au sortir d'un joli rêve, à revivre encore cette soirée unique dans nos annales et dont nous devions tous garder un puissant souvenir.

*
* *

Aujourd'hui que sont disparus notre chère association et celui qui l'honora un jour de sa visite, tous ceux qui vécurent ces jours heureux du Pierrot Noir, qui lui donnèrent le meilleur de leur jeunesse active et dévouée, retrouveront un grand plaisir à lire ces lignes écrites en hâte, sans autre documentation qu'une mémoire insuffisante et que notre titre de secrétaire nous oblige à retracer.

Ils revivront le plus ensoleillé de leur passé d'insouciance juvénile et de confiante sympathie et peut-être parmi cette vie toujours triste ou plus ou moins accablante, aurons-nous eu le plaisir de faire luire à nouveau à leurs yeux un rayon de soleil éteint, ainsi que leur doux et reconnaissant souvenir, au grand homme qui n'est plus, au cercle d'amitiés dispersées par le souffle inexorable du Destin.

MAURICE DAURAY,
Secrétaire du Pierrot Noir.

L'enterrement d'un grand poète

(IMPRESSIONS RÉALISTES)

Poète à mes moments perdus et grand admirateur de Rollinat, j'avais considéré comme un devoir d'accompagner sa dépouille mortelle, bien que n'étant pas invité à ses obsèques.

Je me rendis à la gare au moment où le roulement sourd des tambours crêpés de noir, grondait lugubrement dans les rangs des soldats, chargés de rendre les honneurs au poète légionnaire.

Pour servir de cadre au tableau le temps aurait dû se couvrir d'un manteau sombre ; un soleil splendide apparut.

La foule des curieux était grande ; l'arrivée de la musique municipale, qui se mit à jouer une marche funèbre, l'augmenta. Mais une fois installé dans l'église Saint-André, la cathédrale de la ville, le nombre des suivants du cercueil était plutôt petit.

Beaucoup de sommités locales, artistiques et littéraires ; j'eus la satisfaction d'y rencontrer quelques visages amis, par contre, certaines absences me surprirent.

Sous cette grande nef, beaucoup trop éclairée par des vitraux aux tons un peu criards, tout le monde était silencieux.

Au-dessous du grand lustre en fer forgé, placé dans le transept, le catafalque était dressé dans une demi-obscurité très douce aux yeux, piquée çà et là des points d'or de la lumière des cierges.

Près du catafalque, deux femmes en grand deuil ; la mère et la femme du mort, immobiles et malheureuses ; telles deux statues de Vallgren patinées de noir.

L'assistance je l'ai dit, était peu nombreuse ; deux prêtres, deux érudits, aux figures sympathiques et bien connues, priaient seuls au milieu d'elle.

La fumée de l'encens s'élevait en spirales opaliennes, les chants continuaient lugubres et traînants, et, dans le vague, mes souvenirs se reportaient vers cette délicieuse vallée de la Creuse, où, d'Argenton à Fresselines, pour un ami de la nature, tout n'est qu'enchantement.

J'entendis auprès de moi, un sanglot étouffé qui me ramena aux choses réelles, et je vis des larmes tomber en gouttelettes sur la longue barbe, maintenant givrée, de mon ami Ponroy, de Chantôme, un brave homme, certainement le compagnon le plus fidèle du poète.

Je connaissais de longue date l'attachement et l'admiration de l'instituteur pour Rollinat, qui le recevait toujours avec la plus grande cordialité, dans son hospitalière demeure de Fresselines. Aussi cette grande douleur que je savais sincère me toucha-t-elle profondément.

Des enfants sabotaient dans l'église ; à deux pas, un vieillard retenait péniblement une quinte de toux opiniâtre, et, de temps en temps, le hallebarde du suisse gémissait en effleurant les dalles.

Enfin, l'absoute fut donnée ; le cortège sortit et s'achemina vers le cimetière, précédé toujours de la musique municipale, qui jetait tristement dans l'air ambiant, ses marches désespérées.

Le bruit avait couru qu'aucun discours ne serait prononcé sur la tombe ; les rangs s'étaient encore éclaircis. Un soupçon me prit. Avant de me joindre au cortège, je demandais à un curieux : « Pourriez-vous me dire qui on enterre ? — Il paraît que c'est un nommé Rollinat, un fameux pêcheur à la ligne dans la Creuse (*sic*). » Un peu plus loin, je posais la même question à une autre personne, qui me répondit : « Je ne sais pas, on dit que c'est un journaliste ! »

Pauvre Maurice Rollinat ! pauvre grand poète et incomparable virtuose ! Sa solitude volontaire n'eût qu'un résultat final ; l'oubli de ses concitoyens. S'il faisait, le grand artiste, les délices d'un petit nombre de lettrés, il était ignoré des foules dont il fuyait le contact.

J'allais jusqu'au champ du repos ; beaucoup de monde attendait aux portes.

La cohue se précipita à travers les croix et les sentiers pour avoir les meilleures places, espérant entendre quelque orateur faire l'éloge du maître.

Beaucoup de tombes furent piétinées irrespectueusement et bien des gens furent déçus.

Le défilé se fit rapide, le public se dispersa dans toutes les directions, d'un pas lent ou accéléré, suivant son tempérament ou ses affaires.

Mais je ne pus revoir Alphonse Ponroy pour le réconforter par quelques bonnes paroles, et adoucir en lui la perte de son grand ami, le poète de la nature bouleversée, des passions heurtées ; le musicien des brandes solitaires, des impressions fantastiques et des éternels remords ; dont la poésie ne fut qu'une plainte et la musique qu'un sanglot.

ALBERT LIGER,
Horloger-poète, d'Issoudun en Berry.

Comment j'ai fait la connaissance de Rollinat.

Vers la fin de l'année 1882, il me semble, je lus dans un journal que je recevais, le *Moniteur de l'Indre,* je crois, une poésie qui avait pour titre : *La Musique.*

Cette pièce me plut beaucoup par sa beauté et par sa particularité et même elle me redonna, si j'ai bonne mémoire, l'amour de l'art des vers que j'étais en train de perdre à cause des médiocrités qui, à cette époque, me passaient sous les yeux.

Cette poésie était signée d'un monsieur *Maurice Rollinat* qui était, disait-on, un Berrichon, comme moi, mais dont j'ignorais absolument l'existence.

***

Quelque temps après, toujours dans le même *Moniteur de l'Indre,* je lus, du même monsieur Rollinat, une seconde pièce de vers, intitulée : *Le Corbeau,* laquelle était une traduction ou plutôt une interprétation du grand écrivain américain Edgar Poë que Baudelaire avait fait connaître et que Rollinat faisait également connaître à son tour.

Après *Le Corbeau* vint, toujours dans le même journal, un article bibliographique des *Névroses,* article dû à la plume légère et spirituelle de Charles Monselet.

Charles Monselet citait dans cet article les vers des *Névroses* qui lui semblaient les plus extraordinaires ou les plus poétiques. Il citait notamment une ou deux strophes du *Petit Lièvre* et *l'Enterrement de la fourmi.*

Charles Monselet terminait je crois son article par ces mots : « Comme ouvrier du vers, il est au premier rang parmi ses confrères. » Et c'était vrai.

Je fus enthousiasmé.

*
* *

Dans le même temps, le lus dans *l'Eclaireur du Berry* que je recevais également une autre critique des *Névroses*, celle-là due à la plume de M. Emile Chevalet, un Berrichon qui s'était fixé à Paris.

M. Emile Chevalet se montrait également admirateur de Rollinat.

A l'appui de son article, il citait *l'Allée des peupliers*.

Je fus encore enchanté par les beaux vers que je voyais.

Et j'achetai les *Névroses*, dont le titre pourtant ne me plaisait pas du tout, le trouvant trop scientifique, trop *médecin*, si je puis ainsi parler.

A cet égard, je n'ai pas changé d'idée

*
* *

« Il faut, me dis-je, que je fasse connaissance, au moins par écrit, avec un auteur aussi extraordinaire, dont la naissance à la célébrité avait été étonnamment bruyante et dont les journaux, grands et petits, parisiens et provinciaux, français et étrangers, avaient parlé. »

Depuis Lamartine et Hugo, il ne s'était peut-être pas vu chose pareille.

J'envoyai donc mes félicitations à l'auteur des *Névroses*, et quelque temps après, je reçus de lui cette charmante lettre, écrite sur beau papier rose et parfumé, avec en haut ses initiales en relief :

Paris, 18 mars 1883.

Monsieur,

Je vous prie de vouloir bien me pardonner mon si long retard à vous répondre : l'enfièvrement parisien, les tracas de la vie d'artiste, la mala-

Croquis de F. Maillaud.

Portrait de Maurice Rollinat, les cheveux fraîchement coupés rajeunissent la figure.

die, les contre-temps, et aussi, je l'avoue, ma paresse héréditaire en matière de correspondance, tout cela doit plaider en ma faveur et m'excuser auprès de vous.

Je vous remercie de l'insertion que vous comptez faire d'une de mes poésies, et je vous donne pleine autorisation pour citer la pièce qu'il vous plaira de choisir.

Si vous me connaissiez mieux, vous ne douteriez pas de ma sincérité artistique : j'ai l'habitude de *vivre* et de *gester* tout ce que j'exprime : j'analyse mes impressions propres, ou bien j'observe et j'approfondis celles des autres, jusqu'à ce que je puisse me les attribuer en quelque sorte et les revêtir de ma personnalité. La puanteur d'un cadre n'exclurait pas la gentillesse d'un portrait ; ainsi pour la belle Fromagère, restée belle et parfaitement désirable au milieu d'une caséeuse putridité.

J'ai lu avec plaisir votre mignonne poésie. Vous tournez très gracieusement le madrigal et vos vers ont un parfum dix-huitième siècle fort agréable à déguster.

Au revoir, monsieur et cher compatriote, je vous serre la main cordialement.

MAURICE ROLLINAT.

A mon tour de vous pardonner l'envoi de votre timbre-poste. Il n'a fait que hâter la réponse que j'allais vous adresser prochainement, puisque j'en avais l'intention formelle.

Cette lettre me fit, on peut le croire, excessivement plaisir et moi qui n'étais rien, qui ne suis encore rien du reste, j'étais touché de la cordialité et de la simplicité du grand artiste.

Et je me pris d'amitié pour lui, bien que ne le connaissant pas encore, mais brûlant de le connaître.

*
* *

Au mois d'août suivant, je reçus de Maurice Rollinat cette autre lettre:

Paris, 24 août 1883.

Cher monsieur,

Tout dernièrement passant aux environs de Chantôme, je me proposais d'aller vous serrer la main, quand j'ai été rappelé brusquement à Paris.

Mais je compte revenir sous peu de jours et je vous promets que ma première visite sera pour vous.

A bientôt donc ; merci de votre bonne lettre, et recevez l'assurance de ma meilleure sympathie.

MAURICE ROLLINAT.

« Ça va bien, ça va bien, » me dis-je à part moi. Et j'étais très heureux.

*
* *

Enfin, dans les premiers jours de septembre ou dans les derniers jours d'août, dans une après-midi, peut-être vers les trois heures, j'entendis de chez moi le bruit d'une voiture qui ne me semblait pas celui d'une voiture ordinaire de campagne.

J'allai voir.

La voiture s'arrêta devant ma porte, sur la petite place publique où les jours de l'assemblée se tiennent les marchands, les loteries, les cafés et le bal champêtre.

Cette voiture était une sorte d'omnibus attelée d'un cheval rouge.

Le conducteur descendit de son siège. Il était seul. Il vint à moi et me dit d'une façon très simple et distinguée pourtant :

« Je suis M. Rollinat. »

Je fus très frappé par cette figure un peu maigre, un peu pâle, par cet homme grand, svelte, un peu penché en avant, comme quelqu'un qui a l'habitude de réfléchir et de rouler dans sa pensée des choses tristes.

Je le fis entrer avec tout l'empressement dont j'étais capable, à coup sûr ému par tout ce que j'avais là sur son compte. Et puis je n'étais pas habitué à voir des célébrités.

Il m'exposa le but de sa visite.

Il me dit qu'il avait l'intention de se fixer dans les environs, soit à Crozant, soit à Fresselines, soit à Maisons-Feynes, qu'il voulait habiter là *incognito*, que, étant peu éloigné de Bel-Air, propriété de sa mère, située dans la commune de

Ceaulmont, canton d'Eguzon (Indre), il lui serait facile d'avoir les provisions dont il aurait besoin, poulets, beurre, etc. Il me pria donc, moi qui étais dans la contrée, de lui trouver un modeste logis à louer. Et il ajouta que, encore une fois, il entendait habiter dans le pays *incognito*, que par conséquent, je devais être discret, que si quelqu'un me demandait qui il était, je le désignerais par un terme vague : touriste, artiste, peintre, mots bien connus dans la contrée, comme dans tous les pays pittoresques.

Maurice Rollinat avait dételé son cheval et l'avait mis dans l'écurie de ma plus proche voisine, une femme veuve, petite propriétaire cultivatrice.

Je lui offris de prendre quelque chose. Il me dit qu'il ne buvait jamais entre ses repas. Et c'était vrai. Néanmoins sur mon insistance il consentit de tremper ses lèvres dans un petit verre de liqueur douce, de la menthe ou de l'anisette si je me rappelle bien. Mais je suis à peu près certain qu'il le fit uniquement pour ne pas me contrarier par un refus.

Nous parlâmes, après avoir parlé affaires, naturellement littérature et, le dos appuyé à la petite cheminée de ma salle à manger qui me sert en même temps de salle de réception, le grand artiste me dit, avec ce timbre légèrement cuivresque, métallique (il me semble), en tout cas peu ordinaire, une de ses dernières poésies et à coup sûr une de ses plus belles : *Le Pressentiment*,

> Moucheron du destin qui bourdonne dans l'âme.

Cela me fit, pas précisément la pièce, mais la diction, un effet extraordinaire et même, je dois le dire dans la sincérité de ma franchise, cela me fit un peu peur. Ce geste, ces yeux, cette voix, tantôt bruissante à peine comme le bruit du vent dans les sapins, tantôt éclatante de tout son éclat.

« S'il était fou, » pensai-je en moi-même.

⁂

J'aurais désiré prier l'auteur des *Névroses* de vouloir bien me faire l'honneur d'accepter de partager mon modeste dîner. Mais je n'osai pour un motif qui est commun au fond d'une campagne : n'avoir pas ce qu'il faut.

Mais là-dessus je m'abusais : Rollinat était très simple et se contentait de peu ; quelque chose de bien apprêté, de bien digestif, de propret, lui était suffisant.

J'aurais donc pu l'inviter et je crois qu'il eût accepté. Je ne le fis pas et je le regrettai un peu plus tard.

*
* *

Je l'aidai à ratteler son cheval et montant à côté de lui, je l'accompagnai jusqu'à Eguzon, histoire de continuer à parler littérature et art, et histoire aussi de satisfaire un peu ma curiosité : on n'a pas tous les jours des célébrités sous la main.

Eguzon se trouvant à environ 5 kilomètres de chez moi, nous eûmes tout le temps de causer.

Nous parlâmes sans doute de plusieurs célébrités littéraires, mais je ne me rappelle que de Baudelaire, et si j'ai bonne mémoire, Maurice Rollinat me dit que Baudelaire était moins naïf, plus roublard que lui, mais aussi moins naturiste, même pas naturiste du tout.

Et je crois que c'est vrai.

*
* *

En cours de route, Maurice Rollinat me montra son revolver et me dit qu'il en avait menacé quelque temps auparavant une espèce de voyou qui avait monté sur le marchepied de derrière de sa voiture et qui s'obstinait à n'en pas vouloir descendre.

Ce revolver ne me rassurait qu'à demi chez cet homme qui voyait le mauvais et le crime un peu partout.

Et pourtant cet homme étrange m'inspirait confiance par sa simplicité, par sa bonne et cordiale parole.

Je le quittai en face l'église d'Eguzon et à la devanture d'un boulanger, le mien : le grand poète, comme tout le monde, ayant besoin de faire provision de pain matériel.

Avant de me serrer la main, il me donna un de ses volumes, qu'il avait dans sa poche et qui venait de paraître.

Ce volume, c'était *Dans les Brandes*, le plus frais à mon avis de ses ouvrages et peut-être celui que j'aime le mieux.

C'était une nouvelle édition qui paraissait chez Charpentier et qui avait d'abord paru, sans succès du reste, chez Fischbacher.

A. PONROY.

MAURICE ROLLINAT

EMPLOYÉ DE MAIRIE

Après avoir été petit clerc de notaire à Orléans, Maurice Rollinat fut employé de mairie à Paris. C'est la mairie du VIIe arrondissement qui eut l'honneur de le posséder.

On a dit et on a imprimé souvent, que notre illustre compatriote y avait un emploi au bureau des décès. C'est peut-être exact. Mais il s'occupait aussi des naissances. Et la preuve c'est une copie officielle due à sa plume, sur papier administratif, c'est un extrait du registre des actes de naissances du VIIe arrondissement, datée du 19 mars 1875 (1).

Cette pièce officielle, qui a servi pour un mariage en 1891 et dont j'ai rédigé moi-même l'acte, appartient aux Archives de la mairie de Chantôme, — un nom que Maurice Rollinat affectionnait, parce qu'il rime avec un de ses mots favoris : fantôme. L'écriture y est naturellement plus jeune qu'après ses succès et y est très reconnaissable, et pour qui connaît le graphisme de notre grand artiste, il n'y a aucun doute à avoir. Et puis il existe en marge cette note : Cié M. R., ce qui veut dire il me semble : Copié par Maurice Rollinat. Mais il y a mieux. Un jour que l'auteur des *Névroses* m'avait fait l'honneur de venir déjeuner chez moi, je lui dis : « Je vais vous montrer de votre écriture d'employé de mairie. » Et après un coup d'œil, il me répondit : « Oui, c'est bien moi qui ai écrit cela. »

Au mariage pour lequel a servi la copie de Maurice Rollinat, il y avait comme témoin M. Bassinet, sénateur de la Seine, et je me disais à part moi : « Voilà un mariage auquel ont collaboré deux célébrités berrichonnes. » Et ce qu'il y a de curieux, c'est que ces deux célébrités berrichonnes ont été décorées le même jour.

A. Ponroy.

(1) Il est en effet exact comme le dit M. Ponroy que Rollinat ne fut pas seulement affecté au bureau des décès. M. J. Pierre possède dans ses archives, une poésie autographe de Rollinat : *La lune*, qui est écrite au dos de plusieurs feuilles de naissances de la mairie du VIIe arrondissement.

Maurice Rollinat[1], le musicien, l'ami.

Sans cesse hors de chez lui, c'est pendant les longues marches aux flancs des collines, aux creux des ravins, pendant les heures de pêche au bord de l'eau lumineuse, que Rollinat sentait cette âme éparse qui lui inspirait ses poèmes. Que de fois, vous, ses amis, qui avez vécu auprès de lui, vous avez eu la nette perception que cet être bon et charmant, si intelligent, si gai, si amusant, était vraiment le compagnon de ces arbres, l'interlocuteur de ces eaux chuchoteuses, le véritable feu-follet de ces marécages ! Combien de fois ne vous est-il pas apparu comme le solitaire-né de cette solitude, destiné à glorifier et à expliquer tout ce qui l'entourait, à porter la parole pour les humbles et les silencieux, pour les êtres rencontrés, silhouettes des champs et des routes, pour les animaux aux yeux expressifs, pour les végétaux fragiles, pour les lourdes pierres, pour les nuages fugitifs.

Cette affinité particulière, c'est le caractère essentiel de la poésie et de la musique de Maurice Rollinat. Dans ses descriptions véridiques, dans l'éloquence rythmée de ses vers, dans les cris, les sanglots et les soupirs d'extase de sa musique, les sérénités des matins, les ardeurs des midis, les mélancolies des soirs se réfléchissent, — les appels de l'espace, les bruits d'épouvante, les plaintes des nuits d'orage et de bourrasque se répercutent. De sa maison bâtie entre les deux Creuses, maison toute basse, juchée haut, il avait sa fenêtre ouverte sur l'étendue. Tout ce qui passait sur la route, chaque bruit qui

(1) M. Gustave Geffroy l'éminent publiciste a bien voulu nous adresser quelques pages sur son ami Maurice Rollinat. Nous le remercions d'avoir apporté l'appui de son talent à notre manifestation.

M. D.

venait des champs, chaque état du ciel était un événement pour le sensitif désireux de l'isolement possible et des infinies occupations de la vie agreste. Le mot qu'il écrivait sur la page blanche s'aperçoit donc avec toute son intensité, comme l'être surgi dans la plaine. La mélodie de douleur ou de sérénité qui venait à ses lèvres s'entend comme un chant de passant sur une grande route, comme la roulade de pur cristal d'un oiseau perdu dans la nuit.

La musique de Rollinat, c'est une sensibilité aux prises avec le mystère de la nature, c'est une pensée en dialogue avec elle-même au milieu des foules et dans la solitude, dans le bruit des villes et dans les champs si lumineux et si frais le matin, si roses et si mélancoliques le soir. Ses mélodies, ce sont les voix de la campagne, du vent, des arbres, de la rivière, des appels douloureux, des plaintes de volupté triste. Les musiciens peuvent nier la science de Rollinat, ils ne peuvent nier son instinct profond. Qu'ils analysent l'effet produit et recherchent sa cause, qu'ils nous rendent compte, s'ils le peuvent, de l'étrange phénomène, de l'émotion née de ces chants, de ces accords. On mettra tout au compte de l'interprétation du poète et du musicien par lui-même. Rollinat eut, il est vrai, le don du diseur et du chanteur à un degré prodigieux. Ceux qui l'ont entendu garderont toujours en eux l'écho de cette voix incomparable, à la fois si grave et si aérienne, résonnante comme le bronze et le cristal, si mordante et si tragique, puis si douce. Mais cela n'aurait pas suffi. Il aurait été impossible à Rollinat de fanatiser son auditoire avec les seules qualités *physiques* de l'expression du visage et de la puissance de la voix. S'il n'y avait eu qu'une matérialité de moyens mise au service de *rien*, ceux qui auraient été pris et étonnés une fois n'y auraient pas été repris. Ils auraient regretté leur étonnement, ou tout au moins ils auraient passé outre. Mais ils ont été les captifs et les fanatiques de leur impression première.

On peut en appeler au témoignage que Barbey d'Aurévilly a laissé de son émotion en de nobles et belles pages, et au témoignage de tant d'autres, des écrivains, des savants, des

La dernière pêche de Maurice Rollinat
au moulin de Pilmongin, fin septembre 1903.
Le personnage de gauche est Rollinat, celui de droite
M. Pernet, graveur, un de ses amis.

philosophes, des musiciens aussi, et des femmes qui n'ont pas à manifester pour des opinions, à certifier de leurs joies d'esprit, de leurs troubles de cœur, et qui ont gardé la sensation intacte, au fond d'elles-mêmes.

La personne et l'art de Rollinat ont eu, en effet, un public immense, mais fragmenté, composé des spectateurs d'une soirée, de camarades rassemblés dans quelque salle du quartier latin, d'amis réunis en des chambrées restreintes. Ce sont déjà là des expériences décisives, se contrôlant les unes les autres. Il en fut d'autres encore. J'ai entendu le poète dans la petite église de Fresselines, où le conviait l'excellent curé, l'abbé Daure, devenu son ami et l'ami de ses amis; je l'ai entendu chanter des airs glorieux et simples composés pour cette nuit de Noël. Il chantait, et Louis Mullem tenait l'harmonium, et je puis dire l'attention haletante de la foule paysanne au-dessus de laquelle planait cette voix dominatrice.

Comme la poésie de Rollinat, sa musique aura probablement son renouveau. Le soir où ses poésies seront dites, où sa musique chantera dans un orchestre, s'envolera dans une voix de femme, la certitude se fera que son piano et sa voix, à lui Rollinat, ne constituent pas tout son art. On s'apercevra enfin que cet art existe par lui-même, s'il est traduit par des compréhensifs, et qu'il y avait un poète sous l'acteur, un musicien sous le chanteur, une pensée sous les paroles, un rythme sous les douceurs, les mélancolies et les cris passionnés de sa voix.

Je serais heureux si j'avais pu parvenir à faire un peu réapparaître ce disparu, l'homme qu'il était, l'esprit qui était en lui, le résumé de son individu, sa vraie signification, la preuve qu'il laisse de son passage à travers l'existence.

Chez celui-ci, l'accord était absolu entre la vie et l'art. Tous ceux qui l'ont connu peuvent en certifier, et ceux qui lisent ont pu le deviner en scrutant ces confidences invisibles et muettes, et qui pourtant existent, entre les lignes imprimées. Il n'est pas besoin, en effet, d'avoir vu le poète à Paris, dans son logis de la tranquille et provinciale rue Oudinot, au milieu des jardins par-dessus lesquels luisait si doucement, le soir, le dôme doré des Invalides. Il n'est pas nécessaire, non plus, d'avoir vécu près de lui des jours de vie campagnarde, dans son village de la Creuse. A lire ses livres et à déchiffrer sa musique, on peut facilement apprendre l'intime vérité, savoir la dominante de son être.

Cette dominante, c'est un goût invincible de nature, un amour inné du visage de la solitude, des aspects permanents de l'espace, de tout ce qui existe autour de l'homme, de ce qui était avant lui, de ce qui sera après lui, de ce qui l'enveloppe d'énigme, l'assaille de mystère : le vent, le ciel, la mer, la chaleur, le froid, la pluie, la neige, la voix de l'eau.

Pour bien apercevoir et juger Rollinat, il faut arriver à cette opinion qu'il était étranger à la vie de grandes villes où nous vivons inscrits et catalogués depuis la naissance jusqu'au dernier soupir. Malgré l'éducation classique qu'il y était venu chercher, les emplois qu'il avait dû y tenir, les costumes à la mode d'une année quelconque qu'il avait dû endosser, et malgré qu'il fût un causeur charmant, un être infiniment sociable, distingué, bien élevé, jusqu'au raffinement de la politesse, malgré tout cela, Rollinat n'était pas un personnage social, un monsieur assoupli aux conventions urbaines, heureux d'aller dans le monde, d'occuper un fauteuil aux premières représentations, dressé à la promenade du boulevard.

Il a fait parfois tout cela, il a mimé tout cela, parce qu'on y est toujours plus ou moins forcé, mais c'était, chez lui, sans conviction aucune. Cela ne l'empêchait pas d'être violemment intéressé, en poète, par le spectacle de Paris, par le remuement et le bruit de champ de bataille d'une telle agglomération vivante déferlant par les rues, entre les hautes maisons. Il aimait la foule, la variété des aspects de la ville, et l'un de ses plaisirs, lors de ses venues à Paris, était de s'en aller à la manière de Hugo, sur une impériale d'omnibus, d'où il se récréait de mouvement et d'imprévu, très amusé par le défilé saccadé des marionnettes humaines. Le comique de la redingote et du chapeau haut de forme était loin de lui avoir échappé.

Aussi, avec cet état d'esprit instinctivement opposé au sérieux bourgeois et à l'activité de la finance, et, malgré ses facultés exceptionnelles, discoureur d'une originalité rare, mucisien d'un pouvoir de séduction incomparable, il n'a pas été compris comme il devait l'être. Dans une société où tout le monde est en scène, ce fut lui, le doux naïf, qui fut accusé de cabotinage. On ne vit pas qu'il ne jouait aucun rôle, qu'il se donnait tel qu'il était, qu'il passait à travers les milieux les plus différents de Paris comme à travers les brandes et les chemins creux de son pays. On lui demandait de dire des vers, il en disait. On le suppliait de se mettre au piano et de chanter, il s'installait et chantait. Il apportait avec lui sa passion native, sa nervosité exaltée, — il faisait entendre la voix des choses.

C'est cette voix qui chantait en lui. Rollinat, avec la nature d'artiste la plus fine, était avant tout un rustique imprégné de toutes les influences de force et de douceur de la campagne, des musiques de l'air et de l'eau, des aromes de la terre et des végétaux. Quant il promettait, aux premiers jours de sa jeunesse, en publiant ses vers de début, d'avoir son cabinet d'études « dans les clairières des forêts », lui-même ne savait pas avoir si complètement raison et fournir si exactement le pronostic de son existence future. C'est ainsi pourtant que l'a ordonné la logique secrète qui était en lui et à laquelle il a obéi.

Nous, ses amis, nous l'avons connu ainsi, et nous devons notre témoignage à ce charmant être. Il n'est plus. Après avoir perdu celle qui vivait auprès de lui, et qui fut une compagne aimante et dévouée, sa santé, toujours incertaine, s'est altérée. Il a pris peur de la déchéance physique, il a voulu en finir avec une existence qu'il craignait affreuse, lamentable. Mais tout ce qui a été dit et imprimé dans les journaux est contraire à la vérité. Rollinat était parfaitement lucide et sa légère blessure était cicatrisée, le jour où il est mort à Ivry, le 17 octobre 1903, d'une maladie d'intestins dont il souffrait depuis longtemps. Les journalistes ont été, en général, durs et aigres pour ce grand poète, ce délicieux artiste. On ne lui vait pas pardonné, sans doute, d'avoir quitté Paris, d'avoir renoncé à la vogue. Ce départ de Rollinat, cette solitude acceptée après ce moment de gloire, c'est pourtant une fière et honnête décision, et qui a été tenue. On continuait néanmoins à le traiter de cabotin, alors qu'il était tout seul, sur le bord de la Creuse à pêcher à la ligne.

Il n'y fut pas toujours seul. Quoi qu'on en ait dit encore, bien légèrement, il avait une grande tendresse pour ses amis de Paris et sa joie éclatait lorsque l'un d'eux descendait de char à bancs au seuil de sa chaumière, de même que la tristesse envahissait son visage au moment du départ. Il restait sur le pas de sa porte, jusqu'au dernier moment, regardant l'ami s'en aller, et c'est un de ces jours-là qu'il a écrit ces lignes qui sont dans son œuvre posthume, *En errant* : « Les si tristes adieux terminés, à la seconde où la distance va les effacer l'une pour l'autre, deux personnes qui s'aiment tendrement se font comme jaillir l'âme de leurs yeux pour s'embrasser encore une fois dans un dernier regard ! »

Tous ceux qui ont passé par la petite maison de Fresselines garderont fidèlement le souvenir des hôtes qui les ont accueillis. Maurice Rollinat et pour jusqu'à la fin dans leur mémoire, avec la gaieté, l'inattendu, l'éloquence haute et la cocasserie extraordinaire de sa conversation lorsqu'il présidait la table du déjeuner et du dîner, servant à la fois ses convives, ses chiens, ses chats et le petit cheval qui passait la tête par la fenêtre et parfois entrait, lui aussi, dans la salle à manger. Il faisait alors l'effet d'un Robinson qui aurait reçu des visites dans son île. Au dehors, si l'on était seul avec lui, par les chemins qui descendent vers la rivière, c'était la conversation la plus douce, la plus confidente, la plus intelligente et aussi la plus prévenante, discrètement désireuse de savoir votre vie, votre santé, vos travaux, abondante en conseils et toujours se terminant, comme toutes ses lettres, par : « Revenez ici, vous y serez libre, vous y serez bien. » Il s'arrêtait parfois, tirait un petit carnet de sa poche, vous lisait les vers qu'il avait composés, les observations, les pensées qu'il avait notées. L'après-midi se passait ainsi, en marches, en causeries, en pêches. Le soir, et très avant dans la nuit, c'était la fête de la

MAURICE ROLLINAT A SA TABLE DE TRAVAIL.

musique, Rollinat au piano, un être magnifique, passant et vous faisant passer par toutes les violences et toutes les douceurs, un artiste frissonnant et extasié dans la voix tour à tour terrible, angélique, aérienne s'en allait, par les nuits d'été, dans le grand silence de la campagne, le grand silence où l'on entendait aussi parfois le bruit de la Creuse passant sur ses rochers, comme les flots de la mer se retirant sur les galets du rivage.

Ceux qui ont vécu à Fresselines auprès de Rollinat retrouveront un peu de leurs sensations dans ces notes, qu'ils sauront compléter. Pour les autres, puis-je leur donner le désir de lire les livres du poète mal connu, de connaître la musique du musicien dédaigné. C'est ainsi que l'artiste prendra sa vraie place dans l'opinion. Ce sera justice. Le souvenir de l'homme excellent, au cœur tendre, à la belle intelligence vivra douloureusement chez ceux qui l'ont aimé et qu'il a aimés. Nous ne vous oublierons pas, mon cher Rollinat. Nous nous souviendrons de votre gaieté et de votre tristesse, nous entendrons votre parole et votre chant, nous relirons les pages où votre main a écrit votre témoignage de la vie.

GUSTAVE GEFFROY.

Fresselines
Aout 1902.

Cher Monsieur,

Je vous adresse, sur votre demande un poëme « L'aigle » tiré de mon volume en préparation : Les Bêtes.

Je vous remercie de la sympathie artistique que vous voulez bien me témoigner, et sensible à votre bon souvenir, je vous prie d'agréer l'expression de mes meilleurs sentiments,

Maurice Rollinat

Nous avons choisi cette lettre de Rollinat au directeur de la *Revue du Berry* M. Paul Mellottée parmi celles qui le plus brièvement nous permettent de justifier en même temps que sa collaboration, la possession des poésies inédites que nous publions. — M. D.

L'AIGLE

L'aigle est l'enfant des rocs où s'incruste sa griffe.
Tout le fauve des bois se retrouve, augmenté,
Dans son plumage épais et plat, trop dur planté,
Trop dru, pour que jamais nul vent ne l'ébouriffe.

Ses yeux de braise ardente, aux luisants de citernes,
Avec leurs durs regards, aussi longs qu'acérés,
Vrillent l'obscur compact des bas-fonds enterrés,
Lisent le labyrinthe égarant des cavernes.

Déjà si beau perché, l'aigle se transfigure,
Est le roi de l'éther et l'âme du zénith,
Quand ses ailes, battant les monstres de granit,
Ont, dans leur planement, roidi leur envergure.

Seul, son haut vol que rien ne devance et n'arrête,
Met une ombre de vie au bleu des cieux déserts ;
Vogueur indéfini dans la houle des airs,
Il a deux avirons qui brassent la tempête.

Et son bec ! qui saurait lui creuser un repaire,
Aux taillants et crochu par les glaciers fourbis,
Fait pour hisser aux rocs la bêlante brebis,
Et pour clouer au sol la sifflante vipère !

Brusque, au poitrail d'un bœuf, sa serre qui l'enlace
Lui farfouille le cœur de son ongleux étau :
Alors, comme un boucher tranche avec un couteau,
Il peut avec son bec le dépecer sur place.

Ainsi construit pour vivre au sein des vastitudes,
Il tient vallons, plateaux, profondeurs et lointain,
Et, tandis que, partout, il est sûr du butin,
Son vieil orgueil amer peuple ses solitudes.

Après qu'il a mangé bien fraîche sa victime,
En laissant la carcasse au charogneux vautour,
Il repart en tous sens ou reprend tour en tour
Son fougueux va-et-vient du faîte et de l'abîme.

Du fond des noirs chaos dont la mort est l'hôtesse,
Où l'arbre est l'englouti des graves, des limons,
Il s'enlève, soudain, dans la clarté des monts,
Faisant vers leur sommet fulgurer sa vitesse.

Puis, dans ces trous béants de la terre en désastre,
Si prompt il redescend qu'il a, presque à la fois,
Joints et mêlés sur lui, souffles chauds, souffles froids,
La poussière de l'onde et la vapeur de l'astre.

Aussi sûr que l'insecte au fin bout d'une tige,
Il se tient sur un pied aux aiguilles des rocs,
De la sorte, au-dessus des puits d'ombre et de blocs,
Il aime à savourer son dédain du vertige.

En déluges croulants du ciel peut se dissoudre,
Il prend son large vol tenté par l'incertain,
Croise avec les éclairs son lorgnement hautain,
Aspire le cyclone à côté de la foudre !

Les reflets de la neige et ses froides épices
Lui font les airs plus purs, plus subtils et plus blancs ;
La rumeur des sapins verts-noirs, toujours tremblants,
Berce sa songerie au bord des précipices.

Ces arbres mettent là, par le deuil de leurs teintes,
Comme un lien d'horreur sauvage entre eux et lui,
Et la communion de son royal ennui,
Par son silence altier, s'opère avec leurs plaintes.

Ayant l'azur pour toit, la terre pour auberge,
Le culminant obstacle et le vent pour jouets,
Farouche, il reste au gré de ses âpres souhaits :
Le solitaire intact dans sa liberté vierge.

Son nid, même sa proie, amours, progéniture,
Qu'importe à son humeur qui veut l'espace fou !
Délaissé volontaire, il sacrifiera tout
A ce goût d'abandon qu'il tient de la nature.

Que l'enchantement noir de la nuit taciturne
Par les clignotants vils soit recherché, voulu...
A l'aigle il faut les feux du grand dieu chevelu,
Le mystère aveuglant du flamboiement diurne !

D'un coup d'aile, jailli des plus profonds abîmes,
Vorace de soleil, pour s'en gaver les yeux,
Il dépasse les monts et reste, glorieux,
La hauteur souveraine entre toutes les cimes.

Fauve amant de la nue où tend son vol avide,
Il cogne, incorruptible en sa morne fierté,
Au front de la lumière et de l'immensité,
Son rêve d'infini, son ivresse du vide !

MAURICE ROLLINAT.

LE SPHINX

Pour un volume en préparation : *Les Bêtes.*

C'est l'automne qui fait s'éplorer les nuages,
Mélancolise l'eau, rend graves les terrains
Et dit, si somptueux avec leurs tons chagrins,
Les suprêmes adieux des languissants feuillages.

Déjà l'engoulevent tourne autour des calvaires ;
Un orage sournois, terne et silencieux
Couve, à peine trahi par le vague anxieux
Qui s'épand du ciel bas sur les lointains sévères.

Le soleil a fini d'ensanglanter les teintes
Des arbres claquant lourds ainsi que des drapeaux.
Le Roi-Ténèbres vient, couronné de crapauds,
Dans la confusion des formes et des plaintes.

Mais, bénédiction sur l'englouti des choses,
Sorcière lumineuse adoucissant la nuit,
La lune dont, soudain, l'onde obscure a relui,
Pleure ses rayons frais, verts, violets, bleus, roses.

Au même instant, fraîchit la campagne sereine
Où sont diamantés les profondeurs, les coins ;
Le vent d'orage meurt, devient ni plus ni moins
Qu'un fantôme de bruit, qu'une vapeur d'haleine.

En vain, l'ombre a versé la cendre de ses urnes,
Toujours plus l'astre froid s'éclaircit par degrés :
Jusqu'aux saules pleureurs se dessinent, prostrés,
Dans l'émanation des marais taciturnes.

Alors, l'errant secret des lueurs incertaines,
Le grand Sphinx Atropos prend son lugubre essor,
Fauve esprit du Trépas par la tête de mort
Peinte et comme imprimée au bas de ses antennes.

D'un vieux jardin désert dormant dans la féerie
Il anime l'horreur au gré de son bourdon,
Il y règne! tout seul, il peuple l'abandon
De ce parc imitant une forêt fleurie.

D'abord, aux larges vols l'espace le convie,
Puis, un fouillis l'arrête entre deux noirs étangs ;
Là, fatal, il a l'air de flotter sur le Temps,
Glorifiant la Mort en menaçant la Vie.

L'héliotrope et lui se pâment de vertige,
Mainte épine s'évente avec ce tournoyant
Qui pompe le rosier, ronce aussi, mais ayant
Une chair embaumante au fin bout de sa tige.

Le groupe desséché des grands pavots le hante,
En funèbre avec eux il est à l'unisson,
Comme s'il comprenait qu'ici-bas le poison
Sert le plus sûrement la mort qu'il représente.

La lune montre aux fleurs le tissu de ses ailes,
Moitié d'un jaune éteint, moitié d'un brun fané,
Argent, soie et velours, d'aspect si suranné
Que la Tombe y revoit ses couleurs éternelles.

Enfin, après qu'autour des béantes corolles
Il a flûteusement marmonné des paroles,
        Le Fatidique radieux
S'abat au pied des joncs, boit les larmes des cieux
        Dans un nimbe de lucioles.

Et la nue, où du bleu lacté se désenterre,
Regarde herbe et roseaux, le Sphinx et les rayons,
Ensemble harmoniser leurs palpitations
Avec la même extase et le même mystère.

MAURICE ROLLINAT.

Langage du Rêve.

Des sons devenus la parole
De tout l'Humain inexprimé,
Comme un Cri nombreux et rythmé
De la Pensée obscure et folle....

Un langage extraordinaire
Qui vous chante autant d'inconnu
Que la mer, le ruisseau menu,
Le Vent, la pluie et le Tonnerre....

Un bruit ~~subtil~~ mystique, ensorcelant,
Grinçant le cauchemar, parlant
La Nature et le Fantastique,

Assez mélancolique et beau
Pour interpréter le tombeau
Et l'Au Delà.... C'est la Musique!

Maurice Rollinat

Communiqué par M. Saint-Pol Bridoux.

Le Ramasseur de bouts de cigares.

L'tabac, moi, c'est ça c'qui m'parfume !
D'puis vingt-cinq ans, j'en ai plein l'bec ;
Qu'i soi humide ou qu'i soi sec,
Ça m'é égal pourvu que j'fume !

Q'voulez vous ! j'sui un meurt-de-faim
Qui n'se nourri que d'nicotine :
J'raffoll' ben du tabac d'cantine,
Mais parlez moi du tabac fin !

En v'la z'un qu'é à la vanille
Et qui vous embaum' l'estomac !
Eh ben ! quoiq'ça, si j'avais l'sac,
J'voudrais fumer rien que l'manille !

Ça consol' de la pauvreté
D'pouvoir sucoté un brul'gueule ;
Pour un mis'rab' qu'é pas bégueule
C'é un suc de pomme enchanté.

Autour d'la bourse, auprès des gares,
Su les boul'vards les pu fameux
Où q'ya d'la garce et du gommeux,
J'vas ramasser des bouts d'cigares.

I sont crottés comme un pauv' chien,
Ou ben, i nag' dans d'la salive
Qu'é pu poisseus' que d'l'huil' d'olive
Eh ben, tout ça, ça n'me fait rien.

- - - - - - - - - - - - - - - - - - - -

Maurice Rollinat.

L'original appartient à M. Joseph Pierre.

A MAURICE ROLLINAT

Les deux meilleurs amis d'une petite bande,
Assez gueux, mais vivant au-dessus du besoin
Dans le même idéal, nous évoquions de loin,
Moi la fierté des pics, toi l'ampleur de la brande[1].

Mais du rocher me vint un souffle de lavande,
Et tu fus appelé par les meules de foin...[2]
Adieu ! Paris : chacun alla vivre en un coin
De sa terre natale. Or la distance est grande

De la Creuse à l'Ariège, et vraiment ne pouvoir,
Des yeux, au gré du cœur et de l'esprit, se voir,
Et causer voix à voix, charmant l'heure après l'heure,

C'était déjà la mort ! Heureux, sur le chemin,
Qui tombe le premier : Aujourd'hui je te pleure,
O mon frère ! — Et qui donc me pleurera demain ?

RAOUL LAFAGETTE,

1. Le premier volume de Rollinat est intitulé : *Dans les Brandes.*
2. On trouve dans *Paysages et paysans* un sonnet intitulé : *Les meules de foin.*

Croquis de F. Maillaud.

MAURICE ROLLINAT MÉDITANT.

AU SEUIL DU RÊVE...

Elle dort ce matin la maison du poète
Sous le ciel attristé des brumes des hivers,
Elle dort d'un sommeil dont l'âme s'inquiète,
La maison qu'il voulut, simple, aux contrevents verts...

Calme, elle dort, à la façon triste des choses
Qui restent après nous, quand nous sommes partis,
Les volets sont fermés et les portes sont closes,
L'oiseau ne chante pas, les chiens sont endormis.

L'aube pourtant a lui, pâle, à travers la brume
Depuis longtemps le coq a chanté le réveil,
La chaumière s'entr'ouvre, et le foyer s'allume
... Et toujours la maison dort de son long sommeil !

L'angelus, maintenant, dit ses chansons bénies
Que les clochers voisins scandent un peu plus bas,
Quand — brusquement — rompant ses douces harmonies,
La cloche en pleurs, funèbre et lente, sonne un glas... !

Dis-moi, berger, dont l'ombre passe,
Et qui pleures, dis-moi pourquoi
Ce chant de la mort dans l'espace,
Et ce silence sous ce toit ?

Parle, voyons, mais parle vite !
Le berger s'arrête... et voilà
Qu'il signe son front, puis... ensuite,
D'une voix dont le timbre hésite :
« Il est mort... Monsieur Rollinat ! »

Il est mort, lui, le bon poète,
Eternellement malheureux ?
Hélas, la vie est ainsi faite,
Les poètes vont vite aux cieux...

C'est d'avoir pénétré la vie,
Ses faux espoirs, ses vains efforts,
D'avoir connu son ironie
Ses rancunes et ses remords !

C'est d'avoir, amant fantastique,
Aimé le « sombre et le hideux »
Que, dans un grand geste tragique,
La Douleur vint clore ses yeux !

Mais, celui pour qui la journée
Fut le thème d'un long tourment,
Sais-tu, quand le soir redescend
Si le crépuscule attristant
N'est pas pour lui l'aube espérée ?

Aussi, taisez vos litanies,
Cloches, et taisez vos sanglots,
Qui tremblent comme les échos
De nos communes agonies !
Dites, en des rythmes nouveaux
Vos chants joyeux et les plus beaux
Vos allégresses infinies !

Taisez votre voix monotone
Qui s'attarde comme un frisson
A faire douter du pardon
Que le ciel a promis et donne !
Pour qui pleura dans sa chanson
Le Mensonge et la Trahison,
Qu'un grand chant d'espoir carillonne !

Et que cet espoir nous assure
Qu'ici-bas, quand on a chanté
Tous les maux de l'humanité,
En saignant de chaque blessure,
Pour celui-là, dans la cité,
Blanche de toute éternité,
L'aube luira, joyeuse et pure !

Oui, que ta voix nous dise vite
Que, quand un poète s'en va,
Vers le pays dont il rêva,
Bien loin de la terre maudite,
On peut, sans être un paria,
Chanter, chanter l'alleluia :
Il ne meurt pas, il ressuscite !

*
* *

Et toi... Nature, ô bonne mère
Toi qu'il comprit, seule, ici-bas,
Parce que, toi, tu ne mens pas,
Et qu'il chanta dans sa prière,
Toi, qui, le soir de son trépas,
As pressé son corps dans tes bras...
Ceins de fleurs sa couche dernière !

Des fleurs ! Cueilles-en, moissonneuse,
Parmi tous les printemps prochains,
Par les champs et par les chemins,
Par les rives bordant la Creuse.

Celles que les sentiers ombreux
Font fleurir près des cascatelles,
Avec des robes de dentelles,
Des corsages de satins bleus.

Puis celles qui, sur les collines
De Croyant ou de Gennetin
Ont des calices de carmin !
Aux buissons prends les aubépines !

Aux prés, aux champs, prends les bluets,
Et les coquelicots superbes,
Prends les fleurs en nattes, en gerbes,
Et sur sa tombe, jette-les !

Jette surtout de tes mains fines,
Parmi les fleurs qu'il aimait tant,
Les clochettes au col tremblant
Des bruyères de Fresselines !

. . . .

Et puis, quand la gerbe dernière
Aura jonché le froid tombeau
De ton fils qui dort pâle et beau,
Le front plissé par la Chimère,
Nature, en un geste nouveau,
Comme on en a sur un berceau,
Baise son front comme une mère !

Tu sais, quand l'heure est avancée
La nuit, et que l'enfant a peur,
Du diable noir ou d'un voleur,

Il appelle sa mère aimée...
Du front, le baiser vole au cœur,
Dictant un rêve de bonheur
Où passe l'ombre d'une fée.....

Qu'ainsi tu brises et achèves
Le songe affreux que le Hasard
Fit passer sous son œil hagard
Tant qu'il vécut nos heures brèves,
Oh, sur le seuil du grand départ
Avec l'oubli du cauchemar...
Donne-lui le baiser des rêves !

LIONEL NASTORG.

Rollinat à la pêche a là Ruelle. C'est à cet endroit sur les bas rochers que Rollinat a souvent dit qu'il voulait dormir son dernier sommeil.

A LA POUGE

Maisonnette où Maurice Rollinat passa les vingt dernières années de sa vie.

DIPTYQUE

Morne, pauvre maison, tu tiens ta porte close,
Plus tu n'ouvres au jour tes riants volets verts,
Tes chambres, ton jardin, ton âtre sont déserts,
Dans le dernier sommeil ton maître au loin repose.

Quand viendra le printemps réveiller toute chose,
Tes prés se montreront d'un manteau frais couverts,
De nouveau dans ton bois les nids seront ouverts,
Et contre tes vieux murs refleurira la rose.

De sourire au soleil, alors viendra ton tour ;
Mais tu n'oublieras pas celui que chaque jour,
Pendant vingt ans tu vis songer, l'âme affamée

De savoir d'au delà le mystérieux sort :
Celui qui terrassé, lorsque s'en fût l'aimée,
Sombra, c'en était trop, effaré dans la mort.

De nouveau tes volets écarteront leurs bras,
De nouveau s'ouvriront ta porte et ta fenêtre,
Sur ton seuil un matin, quelqu'un viendra peut-être,
Et ce ne sera point lui que tu reverras.

Plus jamais sous ton toit, le soir, tu n'entendras
Sa voix, qui trahissait le trouble de son être,
Disant comme autrefois quelque refrain champêtre
Ou se perdant au loin, lugubre ainsi qu'un glas !

Tes arbres vainement chercheront sous leur ombre,
Celui qui tour à tour, silencieux ou sombre
Où gaîment fredonnant passait sur ton chemin.

Ils ne le verront plus, par la sente pierreuse,
Ses lignes sur l'épaule, un pliant à la main,
Descendre aux bords aimés de sa Petite-Creuse !

JEAN DU SANDILLAT.

Décembre 1903.

A MAURICE ROLLINAT [1]

(BALLADE BRENNOUSE)

Si je te veux cette semaine ?
Si je suis libre ?... Je te crois !...
J'arrive des quais de la Seine
Ce matin même, et je reçois
Ta lettre et ton livre à la fois.
C'est avant de reprendre haleine
Que je réponds, comme tu vois :
Viens vite ballader en Brenne.

Loin de la fourmillière humaine
De ses usines, de ses toits,
A travers l'onduleuse plaine
Tu verras des sites de choix
Et des horizons, par endroits,
D'une immensité souveraine.
Allons, cher montagnard Creusois,
Viens vite ballader en Brenne.

Il faut que ma nymphe sereine
T'impose aussi ses douces lois,
Te parle, te charme, t'entraîne
Aux étangs, aux brandes, aux bois,
Et te mette la lyre aux doigts ;
Il faut qu'un feu sacré te prenne
Pour que Brennoux, enfin, tu sois.
Viens vite ballader en Brenne.

Envoi

Prince poète, entends la voix
De la séduisante Sirène ;
Laisse un peu tes beaux ravins froids,
Viens vite ballader en Brenne.

JULES DE VORYS.

(1) Cette ballade coïncide avec le premier voyage de Rollinat en Brenne.

A MAURICE ROLLINAT

Las d'errer dans les cieux sans atteindre l'azur,
Las de planer sans fin vers le flamboîment pur
Des horizons lointains, des plaines éternelles,
Le Gipaète fauve ouvrant ses larges ailes
Au bord noir des volcans cherche l'obscurité;
Et, là, chasseur sauvage, au bec ensanglanté,
Sur un quartier de roc, immobile et rigide,
Il sonde, d'un regard glacé, le gouffre vide
Où repose lugubre auprès du flot brûlant
L'insondable silence, image du néant ;
Là, le fatal oiseau rêve, au trouble des laves
Que reflète, hideux, le noir de ses yeux caves ;
Il se penche en avant et son cou noir se tend
Vers la nuit, long reptile au regard fascinant ;
Et parfois ivre d'ombre et d'horreur il défaille
Pour tomber, masse inerte, au cratère qui bâille ;
Mais d'un grand battement d'ailes, vaste vautour,
Il remonte indécis au seuil triste du jour
Pour reprendre anxieux son rêve de silence
Sur la corniche abrupte, où son corps se balance !....
... A la fin... aspiré par le gouffre embrasé
Avec un cri d'angoisse il fond tout hérissé
A travers la nuit dans la lave qui bouillonne
Et sous son vaste élan le fluide qui tonne
Ondule pour éteindre un dernier battement
D'aile, pour étouffer son cri désespérant !
Oh ! funèbre poète, ainsi que le condor
Tu montas palpitant vers la lumière d'or !
Comme à l'oiseau ton aile un soir te fut traîtresse
Et ton royal orgueil plein d'affreuse tristesse
Se sentit séparé par ton humanité
De l'infini splendide et de l'éternité !
Alors du ciel brumeux, tu descendis sur terre
Et tu voulus sonder le monstrueux mystère
Dont la profonde nuit voile à notre œil songeur
La nature de l'homme et celle de son cœur !...
Las d'entendre l'amour, tu célébras la haine
Et de sanglots brûlants ta lyre toujours pleine

Déversa sur les cœurs tes angoisses de feu !
Sans jamais l'avoir vu, las d'adorer un Dieu ;
Tu nias l'infini, tu vécus pour le doute
Et dans ton deuil immense, affolante déroute
De tes rêves tu fus affamé de néant !...
Comme l'oiseau saisi d'un désespoir géant,
Entravé pour les cieux, tu cherchas les abîmes,
Car si le jour est beau, les ombres sont sublimes !
Fatigué de la vie, alors ce fut la mort
Que tu fêtas, brisé par un suprême effort
Et las de la beauté, tu chantas les squelettes !
Las de gloire et d'espoir, tu fêtas les défaites...
Parfois ivre de mort d'anéantissement,
Ton esprit s'engouffrait dans l'abîme béant ;
Mais ton heure n'était pas encore venue
Et comme le condor, ton âme soutenue
Par la nature encor, remontait vers le jour !
Enfin, désespéré, sans but, privé d'amour,
Par ton rêve grisé tu fus pris de vertige
Et tu fondis d'un bond, mystérieux, prodige,
Comme l'astre du soir, des cieux précipité
A travers le néant... droit vers l'Eternité !
Poète ! en recherchant les ténèbres, ton âme,
Au sein profond des nuits n'aura trouvé que flamme !
Tu crus aller au gouffre et tu montes aux cieux
Vers l'azur éclatant d'astres mystérieux !
Tu cherchais la douleur, tu découvres l'ivresse
Des suprêmes plaisirs, sans remords ni tristesse !
Affamé d'une fin, ton être inassouvi
Ne trouve dans la mort que l'immense infini !
La douleur ici-bas est signe du génie
Et seuls sont grands ceux qui souffrent dans cette vie.
Tes extases d'angoisse au sein du firmament
Vont se changer en un suprême apaisement
Et dans le grand sommeil où le trépas te plonge,
Tu vas rêver sans fin l'incorruptible songe
De l'éternel amour et de la vérité...
Déçu du beau terrestre, au sein de la beauté,
Ton âme va revivre une ardente existence
Dans cette solitude où malgré le silence
On ne se sent plus seul, où l'on aime à jamais,
L'Eternel inconnu dans l'Eternelle paix !....

J. Ratier.

Paris le 30 octobre.

L'IMPASSIBLE

J'étais auprès d'un bois, je lisais « les Névroses » ;
C'était au mois d'avril et les feuilles écloses
Exhalaient dans l'air pur ce parfum triomphant
Qui grise, aux premiers jours, le vieillard et l'enfant;
Des fraisiers étoilaient de leurs corolles blanches
La terre, où le soleil glissant entre les branches
Jetait des gouttes d'or que buvaient les fourmis.
Des oiseaux gazouillaient sur le bord des taillis ;
La campagne étonnait par sa paix souveraine ;
On sentait l'herbe croître et végéter la graine...
Et le livre chantait l'hymne étrange du mal :
L'angoisse délirante et le crime fatal,
L'âme rêvant par la réalité meurtrie,
Et la mort qui guette et la luxure qui crie,
Les rêves effrayants et les désespoirs fous,
Tout ce qui tord les nerfs et brise les genoux.
Tout ce que la nature hostile à sa victime
Sut mette de douleur dans l'âme, noir abîme,
Débordait, en accents d'atroce vérité,
En vers étincelant d'une sombre beauté.
Mais la voix qui chantait dans ces rimes hautaines
L'amour et le frisson, les faiblesses certaines,
Egrenait, dans l'air pur, ses vers profonds, en vain ;
Mon cœur seul palpitait sous le verbe divin,
La douleur qui criait violente et superbe
Ne fit pas, dans les champs, frissonner un brin d'herbe.

II

La forêt épandait un vaste apaisement,
Les feuilles bruissaient avec recueillement,
Le zéphyr qui berçait leur jeunesse sereine
Etait parfois si doux qu'on le sentait à peine.
Le calme gazouillis des oiseaux dans les bois
Semblait un chant confus, qu'on murmure à mi-voix.

Ces bruits de la nature égaux et narcotiques
Amollissaient mon cœur que les sombres cantiques
Du livre avaient empli de leur trouble profond ;
Je me sentais soumis à des forces sans nom
Dans lesquelles l'esprit, en scrutant leur mystère,
Entrevoyait l'antique effroi de cette terre,
Que l'homme frémissant nomma : « Fatalité. »
Et la paix s'imposait à mon cœur révolté...
Oh ! c'est que la nature est la grande impassible
Dont l'homme, vainement, cherche l'âme sensible
A travers le mystère effrayant qui l'étreint ;
Il s'incline vaincu devant le mur d'airain
Cachant de l'univers la raison et les causes,
Car rien n'émeut, hélas ! la grande âme des choses.

François Hervier.

(1893)

Notes sur la famille Rollinat

Par Eugène Hubert.

Cette famille, originaire d'Argenton, occupe dès le XVIIe siècle, un rang honorable dans la bourgeoisie. A partir de cette époque, la principale branche des Rollinat détient sans interruption des charges de tabellionnage et de greffe dans le ressort de la justice seigneuriale d'Argenton. Tandis que quelques-uns de ses membres entrent dans les ordres ecclésiastiques, les autres contractent des alliances avec les familles Courandin, Brunet, Delacoux, Pijaud, Delagrave et plus tard avec les familles Auclerc-Descottes, Château, Delouche, Mercier-Genetoux, Duhail, Bridoux et Didion.

Branche principale.

I. — *Pierre Rollinat,* praticien à Argenton à la fin du XVIIe siècle, eut pour fils Etienne Rollinat, greffier de la justice d'Argenton cité en 1702. Il avait probablement pour frère Étienne Rollinat, notaire et procureur fiscal, marié à Catherine d'Erat et mort vers l'année 1711. Nous trouvons à cette époque Sylvain Rollinat, greffier du bailliage et André Rollinat, fermier du comté d'Argenton.

II. — *Pierre Rollinat,* probablement fils du précédent, notaire et procureur fiscal à Argenton, épousa en 1714 Marie Courandin dont il eut: Pierre R. qui suit; Charles Rollinat, né en 1717, vivant en 1735; André Rollinat, né en 1723, inhumé en 1745 dans la chapelle de Saint-Paul de l'église paroissiale.

III. — *Pierre Rollinat*, fils de Pierre et de Marie Couraudin, épousa en 1771 Madeleine Pijaud, fille d'Henri Pijaud, bourgeois, mort en 1793, d'où :

IV. — *Pierre Rollinat*, fils de Pierre Rollinat et de Marie Couraudin (III), né à Argenton en 1774, mort dans cette ville le 9 nov. 1856, eut de son mariage avec Jeanne Delagrave : 1° Pierre-André Rollinat, qui suit ; — 2° Marie Rollinat, née en 1801, mariée à Mercier Genetoux, notaire ; — 3° André-Amédée Rollinat, né en 1810.

V. — *Pierre-André Rollinat*, docteur-médecin, né à Argenton en 1799, marié à Marie Praxède Delouche de Parnac, eut pour enfants : 1° Edouard Rollinat, qui suit ; — 2° Emile-Silvain Rollinat, né le 20 mars 1830, mort le 3 avril 1853 ; — 3° Angèle Rollinat, née le 6 août 1842.

VI. — *Pierre-Edouard Rollinat*, né le 22 nov. 1828, mort le 12 janvier 1861, s'était marié le 19 avril 1858, avec Elise Darpès d'où :

VII. — *Raymond Rollinat*, naturaliste, né à Saint-Gaultier le 5 sept. 1859.

BRANCHE CADETTE.

IV. — *Jean-Baptiste Rollinat*, né en 1775 à Argenton, avocat, commandant la garde d'honneur à cheval d'Argenton, épousa demoiselle Anne Rondeau dont il eut : 1° François Rollinat, qui suit ; — 2° Marie R. ; — 3° André R. ; — 4° Paul-François R, ; — 5° Léon R. ; — 6° Marguerite-Anna R. ; — 7° Charles R. ; — 8° Marie-Gabrielle R. ; — 9° Marie-Louise R., mariée le 29 sept. 1846 avec M. André François Bridoux ; etc. Il était probablement neveu de J.-B. Rollinat, avocat fiscal et échevin d'Argenton en 1775.

V. — *François Rollinat*, né à Argenton le 15 juin 1806 de Jean-B. Rollinat et de Anne Rondeau, épousa le 21 août 1823 Isaure Didion, fille de François Didion, ex-capitaine de gendarmerie à la Châtre et de Joséphine Delage. Il mourut à Châteauroux, le 13 août 1867.

Héritier du renom de son père au barreau, il acquit une certaine célébrité comme bâtonnier de l'ordre des avocats de Châteauroux où il était entré en 1826. D'opinions républicaines, il se lia avec George Sand et se fit élire le 23 avril 1848, représentant de l'Indre à l'Assemblée constituante. Il avait développé son programme politique au club de la Fraternité avec une éloquence chaude et entraînante, aussi son succès fut-il triomphal : « La » fraternité, dit-il, est le vrai principe de vie de l'ordre nouveau, » c'est l'âme de la politique de l'avenir, et quoique nos cœurs, » préparés par dix-huit siècles de christianisme, ne soient pas » encore mûrs peut-être pour cette fraternité politique et so- » ciale, c'est vers cette unité fraternelle de tous les éléments » de la société que nous devons marcher. Comment le courage » et la foi pourraient-ils faillir en nous? Nous marchons avec » Dieu, avec l'humanité tout entière. » Il siégea à gauche et vota pour l'abolition de la peine de mort, contre l'interdiction des clubs, pour l'abolition de l'impôt des boissons.

Réélu le 13 mai 1849, à l'Assemblée législative, Rollinat s'associa aux actes et protestations de la minorité démocratique et combattit l'expédition de Rome, la loi Falloux sur l'enseignement, la loi du 31 mai sur le suffrage universel. Il rentra dans la vie privée lors du coup d'Etat.

VI. — *Joseph-Auguste-Maurice Rollinat* poète et musicien, fils des précédents, né à Châteauroux, le 29 décembre 1846, mort à Ivry, le 26 oct. 1903.

BIBLIOGRAPHIE

LIVRES, VERS OU PROSES

Œuvres de Maurice Rollinat. — Poésie et Prose : *Dans les brandes*, poèmes et rondeaux (1877, in-18). — *Les Névroses* (*Les Ames, Les Luxures, Les Refuges, Les Spectres, Les Rêveries*), poèmes (1883, in-18). — *L'Abîme*, poésies (1886, in-18). — *La Nature*, poésies (1892, in-18). — *Le Livre de la Nature*, choix de poésies pour les enfants, avec une lettre de George Sand (1893, in-18). — *Les Apparitions*, poésies (1896, in-18). — *Ce que dit la Vie, ce que dit la Mort* (1898, in-8°). — *Paysages et paysans* (1899, in-18). — *En errant, Proses d'un solitaire* (1903, in-18).

Pour paraître : *Les Bêtes*, poésies ; *Ruminations*, proses ; *Poésies de jeunesse*.

Musique : Environ cent vingt morceaux, poésies de l'auteur, pour chant et piano, dont douze poésies de Baudelaire, quelques valses et divers morceaux.

Articles de presse, de nombreux articles des sommités littéraires parisiennes parmi lesquels : décembre 1882, Albert Wolff (*Le Figaro*) ; décembre 1882, Un poète à l'horizon, Jules Barbey d'Aurevilly (*Le Constitutionnel*) et un autre article du même en 1893 sur *les Névroses*, articles de Clovis Hugues dans *le Papillon*, de Léon Bloy dans la *Vie Moderne*, de Gustave Geoffroy dans la *Revue Universelle*, n° de décembre 1903 et d'Alcide Bonneau *Revue Encyclopédique* 1893, sur le volume *la Nature*, avec comme illustrations une charge de Cabriol. Environ huit cents articles au moment de sa mort.

Revue du Berry : Diverses poésies de Rollinat à différentes dates et des articles de MM. Emile Nivet, J. Ageorges, etc., de 1889 à 1904. Nous publions en ce numéro plusieurs poésies, inédites de Rollinat dont trois nous ont été communiquées par lui quelques mois avant sa mort.

NOTICE

En organisant ce numéro spécial de notre *Revue*, nous ne pensions pas tout d'abord qu'il prendrait autant d'étendue. Nous avions compté sur la bonne volonté de tous les écrivains berrichons, elle n'a point fait défaut. Tous ceux qui aimaient et admiraient Rollinat sont venus à nous, beaucoup pour être venus tardivement n'ont pu prendre place dans ce livre, nous en sommes chagrins pour eux et pour nous.

Nous avons accepté tous ceux qui sont venus à temps et dont les articles, quelle qu'en fut la valeur, nous ont semblé en harmonie avec notre programme. Néanmoins nous laissons aux auteurs l'entière responsabilité de leurs écrits c'est-à-dire que la *Revue du Berry* se dégage entièrement des opinions ou idées émises par eux. Les artistes ont mis à nous procurer des illustrations inédites un empressement fort louable et couronné de succès.

Nous remercions vivement tous nos collaborateurs et tous ceux qui par leurs conseils et leurs renseignements nous ont aidé à mener à bien cette tâche ardue, heureux de les avoir associés à l'hommage que nous rendons à la mémoire de Maurice Rollinat.

⁂

Sans que nous leur ayons dressé notre plan, les écrivains nous ont apporté une série d'articles qui forment un ensemble à peu près complet.

Avec *M. J. Pierre* c'est la mise au point du Rollinat altéré par les légendes et les calomnies. La *Biographie* fixe certains points relatifs à la naissance et à la vie de Rollinat. *M. Eug. Hubert* apporte l'appui de sa documentation sur la famille du poète et avec *M. Decourteix* fait revivre ses sentiments familiaux en même temps qu'ils fixent les preuves de l'amitié qui unissait George Sand et François Rollinat. *M. Hugues Lapaire* éclaire d'une anecdote le passé de lettres de Maurice Rollinat et la naissance de ses relations avec *J. Barbey d'Aurevilly* dont la magnifique chronique est une étude fouillée du poète.

Avec *M. Gustave Geffroy*, c'est le *musicien et l'ami* décrits également par *M. Albert Chantrier* qui fut longtemps le metteur au point de cette musique si vécue. *M. Ponroy* nous fait assister au prélude de l'installation de Rollinat en Creuse et *M. Liger* note ses impressions un peu pessimistes sur les obsèques du poète.

Les poètes expriment leurs regrets et leurs émotions en chantant la gloire du célèbre disparu.

M. J. du Sandillat s'émeut à la pensée qu'une main peut-être indifférente ouvrira désormais l'huis de l'humble maison hantée de si chers souvenirs. *M. Raoul Lafagette* pleure l'ami dont l'entrée dans l'éternité le rend plus seul et plus triste. *M. Lionel Nastorg* dit le bonheur de Rollinat d'être parvenu au seuil du rêve de sa vie entière, à la délivrance de la douleur et de l'obsession. *M. J. Ratier* chante heureusement sa gloire et son génie tandis que *M. Hervier* trace les impressions qu'il ressentit à la lecture des *Névroses*, et que *M. de Vorys* en sa *Ballade Brennouse* évoque le premier voyage de Rollinat en Brenne.

⁂

Mais une part très large et très belle échoit aux artistes qui par leur désintéressement et leur souci d'apporter une fleur à notre gerbe ont composé le plus bel ensemble inédit de dessins et de photographies formant autant de documents sur la vie de Rollinat en Creuse.

M. Ernest Nivet a dans le dessin de couverture évoqué toute l'œuvre maladive du poète, en même temps qu'il a symbolisé nos regrets et notre douleur. Et cela traité dans une manière qui rappelle *Millet*, avec ce naturisme si sincère et cet amour de la vérité qui caractérise le talent de notre compatriote. *La maison de Fresselines* est lestement et fidèlement croquée par notre ami Bernard Naudin qui se taille une première place par la force de son talent et de son savoir parmi les peintres les plus renommés à juste titre.

Nous devons, à *M. André Boudot* la vision d'une des dernières pêches au grelot de Maurice Rollinat, et à *M. Alluaud* le peintre bien connu, un saisissant portrait de Rollinat à sa table de travail. Cette gravure nous l'offrons en hors texte avant la lettre à nos souscripteurs du numéro de luxe.

Quant à *M. Maillaud* c'est toute une série superbe de croquis, série de minutes vécues de l'existence de Rollinat qu'il met à notre portée. Mouvements et attitudes croquées inopinément, sans que le modèle eut posé et sans même qu'il s'en doutât. On en comprendra toute l'importance et la valeur. M. Maillaud a joint à ces croquis un tableau « la pluie dans un ravin » qui lui a été inspiré par une poésie de Rollinat.

Nous eussions pu réunir en ces pages un plus grand nombre de dessins et nombreux sont ceux qui nous restent en cartons et qui sont d'un fort bel intérêt. Le temps et aussi la modicité de nos prix de souscription nous ont arrêté.

Notre *Revue* a accompli un effort inattendu, au-dessus de ses moyens et de ses forces, nous estimons que tous ceux qui se sont intéressés à notre tentative le comprendront et qu'ils nous en récompenseront à l'avenir par un attachement plus grand à notre œuvre modeste de vulgarisation, de décentralisation, de tradition et d'attachement filial à la petite patrie.

*
* *

A la dernière page de ce volume semble se terminer la tâche que s'était imposée notre *Revue*. Il n'en est pourtant rien. Nous avons contracté envers Rollinat une obligation qui pousse plus loin nos devoirs.

Après l'avoir lavé des souillures dont l'envie et la basse calomnie l'avaient couvert, nous resterons par tradition et par reconnaissance, les défenseurs de sa gloire et de sa mémoire. Cet opuscule est moins un monument qu'une gerbe apportée sur sa tombe. Le monument nous l'édifierons plus tard, lorsque seront dissipés tous les malentendus et que les inimitiés seront apaisées.

Et alors ce sera un monument digne de tout son mérite que nous élèverons au plus grand homme de lettres du Berry, car il l'est par sa gloire et par sa naissance.

Mais d'ici là, nous resterons debout pour répondre aux attaques posthumes dirigées contre lui et d'où qu'ils viennent, ces coups trouveront la pléiade de nos collaborateurs, prêts à la riposte, prêts à faire justice.

Longtemps encore nous continuerons la collaboration que Rollinat nous accordait en sa vie et, si nous pouvons augmenter le nombre de ses admirateurs et de ses disciples, nous serons heureux et ce bonheur sera notre plus chère récompense.

Pour la *Revue du Berry*,
L'organisateur du numéro spécial,
MAURICE DAURAY.

Châteauroux. — Typ. et Stéréot. A. MELLOTTÉE.

www.ingramcontent.com/pod-product-compliance
Ingram Content Group UK Ltd.
Pitfield, Milton Keynes, MK11 3LW, UK
UKHW022107260726
13993UKWH00001B/371